北京 ハワイ LA に移住してたどりついた

どんな逆境もホームにする生き方

Yuna（ろこゆん）

I was born in Japan, moved to BeiJing, Hawaii, LA, and finally Japan, as my final destination.

How I turned challenges around into most dependable ally

KADOKAWA

はじめに

皆さんは**アウェイ感**を経験したことがありますか？

初めて行く職場や学校、サークルや飲み会、緊張する商談、上京などで、**自分以外の知らない人がみんな敵に見える瞬間、誰でも一度はあるのではないでしょうか。**

どうやら人生は、そんな居心地の悪い状況や、運命とやらが導くランダムな試練に満ち溢れているようです。そんなさなか、皆さん「何くそー！」という思いでこの本を手に取ってくださったのだと思います。ありがとうございます。

どうもこんにちは、Yunaです。私は日本・東京に生まれ、6歳から10歳まで中国で生活し、10歳から24歳までハワイで暮らして、その後LAに3年間住み、2024年に日本に帰ってきました。日本語、中国語、英語を話せるトリリンガルです。

現在、SNSを主戦場に、YouTube、Instagram、TikTokで発信をしております。駆け出しの経営者でもあります。

YouTubeでは「マイルドなバラエティー」をモットーに、中国やアメリカのバックグラウンドを持っているからこそ分かる海外あるあるや生活、国際ネタなどを日本語でお伝えしています。

これまで中国、アメリカ、日本と場所を変えるたびに、私の前には言語や文化の違い、人種差別、孤独など、様々な壁が立ちはだかりました。そのたびに壁を乗り越えて、**どの土地でも自分の落ちつける居場所＝《イコール》ホームをつくってきました。**経歴だけ見ると、「海外を渡り歩いて華やかだな」とか、「もしかしてセレブ？」とか思うかもしれませんが、全然そんなことはありません。むしろ、どの国でも歯を食いしばって生きてきました。家賃を払うのにも苦労するような貧しい生活を送ったこともあります。家庭環境もぶっちぎりで複雑でした。

この本では、**私がこれまで、どのようにアウェイな環境をホームにしてきたか**を紹介します。

言葉も習慣も文化も全く違う3つの国でサバイバルしてきた経験を踏まえて、**逆境に負けずに自分を輝かせる選択をしてきた経緯**や、**ピンチをチャンスに変える方法**をお伝えしたいと思います。

疎外感や、新生活・挑戦が不安な気持ちは、移住経験のある私だけではなく、多くの方が日々抱くものだと思います。この本を読んでいる皆さんも、学校や職場で理不尽な思いや、悔しい思いをしたことがあるのではないでしょうか。

もしかしたら、どこにも自分の居場所がないと感じていて、部屋の片隅で膝を抱えている方もいるかもしれません。

そんな方々に、私は心からエールを送り、背中を押したいのです。

「あなたは絶対、一人じゃないよ」って。

少なくとも、私は戦ってもがき続けている人の味方でいたいと思っています。


この本は、私が経験した「逆境」をジャンル分けして、5章立てでお伝えしていきます。あえて、成長途中の私を赤裸々にお見せすることで、**逆境は人生をより輝かせるスパイスになり得るもの**だと知っていただきたいです。

第1章では、ざっとこれまでの私の人生を振り返ります。第2章では、**人間関係**や環境の変化で戸惑った経験をまとめました。第3章では、異文化の中でアイデンティティー・クライシスに悩んだ私なりの**「自分」との向き合い方**を語ります。第4章では、**夢の叶え方や目標に対する考え**を整理してみました。第5章では、私のYouTubeでも特に人気の**「言語学習」**について、丁寧に解説しています。

各項目にはまとめとして「ろこゆんルール」を用意しました。いわゆる〝名言〟です！　どれか一つでも、皆さんの心に残る言葉があれば嬉しいです。

各国でのリアルなエピソードもふんだんに盛り込んでお話ししていくので、**留学や移住を考えている人の参考にもなるのではないか**と思います。でも、私が各地で学んだ「ルール」はきっと全世界共通のもの。日本で暮らす皆さんにとっても、**今の場所をホームにするためのヒント**として、役に立てていただけたらいいなと思います。

この本に出会ってくれた皆さんが、人生の旅路で経験する様々な試練を楽しく乗りこなせますように。心からそう願っています。

第2章

どんな人間関係もポジティブに変える

第3章

アイデンティティーを探して

第4章

現実はシビアでも夢を叶える

第5章

トリリンガールの「外国語カジュアル学習法」

STAFF

装丁	西垂水敦・内田裕乃（krran）
イラスト	サトウリョウタロウ
DTP	荒木香樹（コウキデザイン）
校正	東京出版サービスセンター
編集	伊藤瑞華（KADOKAWA）

第1章

日本、中国、アメリカ
逆境と隣り合わせの暮らし

超アウェイの中で生き抜く方法

生まれる前から家庭は崩壊していた

私の両親は日本在住の中国人で、私は日本に生まれました。父は実業家として成功していたので、小さい頃は東京・池袋の綺麗な広いマンションに住んでいました。

この頃の私は、我が家が変だなんて、全然思っていませんでした。友達の家と違うことに気づいたのは17歳くらいのときです。

実は、父と母は一度も結婚しておらず、父には「妻」が何人もいたんです。だから、家にも週1回しか帰ってきませんでした。

母は父から毎月50万円ほど生活費をもらっていたので、昼夜逆転、ゲーム三昧の生活を送っていました。週末の母は13時を回ってからしか目を覚まさないので、私と2歳下の妹はお腹を空かせて一緒にクッキーのアソートばかり食べていました。好きなものから先に食べていくので、苦手なフレーバーだけが残ります。それでも母は起きないから、結局いつも全て平らげていたことを、今でも鮮明に覚えています。池袋に構えた3LDKのお城には、帰ってこない父を待ち続ける母と、お腹を空かせた2人の子どもが暮らしていたのです。

でも、私はそんな母が大好きでした。小さい頃は一緒にゲームをしたり、テレビを観たりして、仲よく暮らしていました。毎週水曜日には水泳教室の帰りにマックに連れていってくれて、シャカシャカポテトを買ってくれました。

父のことで夜中に母が泣いている姿を何回も見たことがあり、子ども心に「私が母のことを守ってあげなきゃ」と思っていました。

それでも、その頃が一番、私たちの幸せだった時期かもしれません。

果たされなかった父の約束

小さい頃からずっと、母に「6歳になったら中国に連れて帰る」と言われていました。私の父は北京出身で、母は上海出身です。父は母に「北京に移住したら結婚する」と言っていたようです。こうして、私たちは2002年に北京へ移住しました。

ところが、父は結局、私たちと一緒に暮らさなかったのです。

父は常に激務に追われ、日本と中国を行き来する生活を送っていました。プライベートでも家庭を増やし、北京にいた頃は3カ月に1回会えればいいほうでした。

父と母がウェディングフォトを撮る約束をした日のことです。

母はメイクさんに魔法をかけてもらって、元の美しさにますます磨きがかかっていました。

しかし、父はその日、母のもとに来ませんでした。

母は何時間も父を待ち続けました。スカイブルーに白い刺繍が入ったチャイナドレスを纏う母の頬には、一筋の涙が流れていました。母は1人でウェディングフォトを撮りました。とても綺麗でした。

居場所がどこにもなかった6歳児

小学校への登校初日、見たことのないランドセルと文房具を持っていて、中国語がままならない私は、すぐ周囲に日本から来ていることを知られてしまいました。このときは反日教育が根づいていたからか、日本出身というのは疎まれる対象でした。

私自身に問題があるならまだよかったものの、出身地は変えられないものです。母に「中国に帰る」と聞いて育った私は、当然日本にいた時代から中国を「帰る場所」と思っていたので、誰も受け入れてくれない現実に立ちすくみました。

体育の授業の列に並んでいるだけで罵倒され、名前ではなく「日本鬼子《リーベングイズ》」と呼ばれ、たまに話しかけてくれるクラスの子も、私と話しただけでいじめの主犯に目をつけられて、次の日には手のひらを返されるような状況でした。

家に帰れば母はいつも不機嫌で、毎日タバコを吸って朝までRPGゲームをやっていました。母の笑顔は、北京に移住してから徐々に減っていきました。私は人の笑っている顔が好きなので、常に顔色をうかがっていたと思います。

ある日、運転免許を取りたてだった母に、何気なく「事故ったらヤバいよね！」というようなことを言ったら、母は「もう送迎に行かない！　自分で学校行け！」と怒り狂いました。運悪くタクシーが捕まらなかったので、真冬の北京、2㎞ある学校への道を、お手伝いさんに手を引かれながら歩きました。今考えると6歳の私、デリカシーなさすぎるだろ、という気持ちと6歳児にそんなムキにならなくても、という両方の気持ちです。以降、朝の登校はお手伝いさんとタクシーに頼る生活でした。下校時は母が迎えに来てくれたのですが、時間通りに来てくれたことは数えられるほどで、基本みんなが帰った後、一番最後に迎えが来る子どもでした。母は、仕事も家事も一切していなかったにもかかわらずです。

そんな当時の私の楽しみは、住み込みで働いてくれていたお手伝いさんと妹と一緒にポケモンのアニメを観ることでした。

友達は、なかなかできない

友達はもちろん、欲しいです。私は一人でも大丈夫な性格ではなく、なんなら人一倍寂しがり屋で、誰かといるのが好きです。

そんなある日、私が日本から持って帰ったレターセットを見たいじめの主犯が、「えっ、何これ、すごい!」って驚いたんですね。

そこで、「これをあげたら、友達になってくれる?」と聞いてみました。そうしたら、「いいよ、友達になる!」と言われて、喜んだ私はレターセットを配りまくりました。

ただ、子どもというのは残酷で、皆さんの予想通り、翌日教室に行っても状況は全く変わっていませんでした。

そうして私は、友達が一人もできない小学生時代を2年ほど過ごしました。

いじめられる理由

いじめを経験した人は少なくないかと思います。大前提、いじめは理由関係なく許されるべきものではないと思いますが、当時の自分は「変えようもない理由でいじめないでよ、まだ私自身に問題があったほうがマシだよ」と思っていました。

両親が中国人の私は、生粋の中国人です。本来、中国人が「日本人だ！」と中国人にいじめられる構図は、意味が分からないものです。

母にももちろん話しましたが、RPGゲームに夢中の母は「あんたは中国人だよ」と、もはやどうでもいい事実だけを言って、ゲームに没頭していました。

私は妹に、「小学校に上がったら絶対に自分が日本から来ていると言っちゃダメだよ」とキツく言った覚えがあります。

ですが私は、日本のことがとても好きです。日本で生まれて日本で育ったのだから、みんなと同じように当たり前に日本が大好きです。そこに理屈も忖度もありません。

理不尽な理由でいじめられること、大好きな日本を大好きと言ってはいけない環境、そして日本を嫌う周囲にも怒りを覚え、やるせない気持ちを抱えた小学生時代でした。

日本の文房具で人気者になった！

だけど、やられっぱなしではいませんでした。

日本のハイテクな文房具は中国でも人気で、シャーペンやペンを「貸して」と言ってくる子が多かったのです。「イケてるペンを持ちたい」みたいな感じで。

なんとなく貸し出しているうちに、私は人気のあるシャーペンと、そうでないシャーペンがあることに気づきました。

そこで私なりに分析して、つくったのが会員カードです。持っていたペンをランク分けして、人気のペンは会員レベルが高い子しか借りられない制度にしました。

定性的な基準をつくり、「私と仲よくしてスタンプをためてレベルを上げないと、カッコいいペンを借りられないよ？」みたいなシステムにしたら、みんなイケてるペンを持ちたいようで、私への態度がガラッと変わりました。

みんなが「ゆなちゃん、ゆなちゃん」と慕ってくれるようになって、私が設定したスタンプを集める仕組みを忠実に行ってくれて、嬉々としてスタンプ集めに勤しんでいました。

中には、「俺のほうがゆなのスタンプ多くたまってる！」「え、ずるい！」なんて会話をする子たちもいました。気づけば、クラスの権力を握ってしまい、いじめられっ子からリーダー格になっていました。

ただ、それは**「勝ち取った人間関係」**でした。

誠心誠意な友情は感じなかったけれど、表面上は一人ぼっちではなくなりました。

誰も助けてくれない。それなら、**自分の居場所は強引にでも切り開いていくしかないんだ。**

私の負けず嫌いは、小学生のときに初めて発揮されたのかもしれません。

ろこゆんルール

頼れるのは自分だけ！
アウェイなら自分で道を切り開こう

トリリンガール、爆誕！

バイバイ、中国の日々

中国でなんとか居場所をつくって間もなく、母から「ハワイに引っ越すよ」と言われました。

母はいつまでも帰ってこない父を待つことをついにやめて、離れる気になったようです。

小学4年生の中間試験の前日にグリーンカード（アメリカの永住権を持っていることを示す身分証明書）が取れたという連絡があり、私たちはすぐにハワイへ行くことになりました。

ハワイには母の両親、つまり私にとっての祖父と祖母が暮らしていました。母の姉がアメリカ人と結婚してハワイに移住し、祖父母も一緒に移り住んでいたのです。

父と出会ってから働くことも家事もしてこなかった母に、生活能力は皆無でした。

そこで、ハワイへ行き、祖父母に生活を助けてもらうことになりました。

その知らせを聞いたとき、私は真っ先に「もうテストを受けなくていいってこと？」と聞きました。

小学校時代の友人に思い入れはほとんどなく、渡米前日も友達に会えなくなる寂しさより中国でもう勉強をしなくていい喜びのほうが勝っていました。

父の援助がなくなり、ハワイで貧乏な生活をすることになると母から宣告されたとき、10歳の私は「自分が母を守らないと」「お金がなくてクッキーしか食べられなくなっても絶対ママにわがまま言わない！」と心に誓いました。両親ともに問題の多い人ではありましたが、10歳の私はそんなことに微塵《みじん》も気づかず、たった一人の母親を愛していました。

ハワイに移り住んだけれど……

ハワイに初めて降り立ったとき、「うわー、田舎だなあ」が第一印象でした。

それまで、日本では東京に、中国では北京に住んでいたこともあり、私は建物が立ち並んでいて、緑がほとんどない街の光景を見慣れていました。

一方、ハワイは青い海、そそりたつ死火山のダイヤモンドヘッド、風になびくヤシの木、まぶしい太陽。都会らしいものは何もないけれど、自然はたくさんある環境でした。ビーチ遊びとは無縁だった私には、まさに異次元の世界です。

ハワイで私たちは、祖父母のもとに身を寄せました。

……といっても、祖父母が住んでいたのは高齢者向けの集合住宅地でした。本当は、そこは高齢者以外が住んではいけなかったのですが、他に行く場所のない私たちは一緒に住むしかなかったのです。祖父母の1LDKの部屋に5人で暮らすことになりました。

母は渡米前に父の連絡先を全て消したので、父とはそれ以来連絡を取れなくなりました。自立すると決めて行動に移した母が私の目にとてもかっこよく映ったことを覚えています。そして、このときの私は、大好きな母を傷つけた父が大嫌いでした。

お金のために、ついに母は十数年ぶりに働きに出ることになりました。最初にやったのはアロハシャツのショップ店員です。1時間7ドル（当時800円程度）の最低賃金が対価の仕事で、初仕事の日に母が帰ってきて「プライドが傷ついた」と泣いていたのを覚えています。

結局、母が働くのは週3日でした。残り4日は家で今まで通り昼夜逆転の生活を送って、足りない分の生活費は祖父からもらっていました。家賃にギリギリ足りるか分からないくらいの稼ぎで家族3人の生活費を賄うなんて無理です。生活保護と祖父の援助でなんとか食いつないでいました。

アメリカには「フードスタンプ」という低所得者向けの食糧支援サービスがあります。「EBT（Electronic benefit transfer）」と呼ばれる磁気カードをもらうと、月に4～500ドルの食糧を買えるので、それでどうにか暮らしていました。

それまで、日本でも中国でも金銭的に困ったことはなかったのですが、引っ越してからは毎日緩やかに転がり落ちていっているような感覚でした。母はその転落を止めるつもりもなく、ただ流れに身を任せているだけのようでした。

「手も足も出ない」とはこのことか

自由なハワイの小学校は、まさにカルチャーショックの連続でした。

学校では、一人ひとり分かれた机ではなく、長いテーブルにみんなで座っていました。授業中にお菓子を食べている子も、おしゃべりしている子もいたけれど、先生は何も注意しません。「なんだ、ここは天国か？・」と思ったくらい、緩い学校生活でした。転校生の私をいじめてくるクラスメイトもいなかったし、「友達をつくるにはどうすればいいいか」なんて作戦を練る必要はありませんでした。
ようやく、子どもらしい学校生活を送れるようになりました。

ただ、私はハワイで初めて**「言語の壁」に突き当たりました。**学校での共通言語は英語で、全然英語が話せなかった私は、英語を母国語としない生徒のためのＥＳＬ（English as a Second Language）という特別クラスに入ることになりました。
日本語は普通に話せていたし、５、６歳頃に移住したからか、中国語も自然と身についていました。

でも、日本語と中国語で言語の土台ができている中、10歳でまた新しい言葉を覚えるのは結構骨が折れる作業だったのです。周りの会話が全然聞き取れなくて、授業でも先生の話が分からなくて、焦って苛立ってばかりでした。

私は当時からクラスの中では身長が高くて、周りよりも大人っぽいと思われることが多かったのですが、英語が話せない私に対して、クラスメイトはまるで赤ちゃんに話しかけるみたいな態度でした。

他のクラスメイトとは英語で早口で話して冗談を言い合っている同級生も、私がいるときには優しくゆっくり話すようになって、「Oh, are you OK?」のように簡単な英語を使っていました。

特別に気を使ってくれているだけなのに、私より背の低い子たちが私を見上げながら易しい英語を使ってくれていることに、くだらないプライドが傷ついて悔しくて泣いてしまったのです。

いきなり泣き出した私を見て、みんなビックリして「どうしたの？」と心配してくれましたが、英語力がない私は、そのときの自分の気持ちを伝えることすらできませんでした。そんな理由で泣いている自分が情けなくて、ますます涙が溢れました。

その日から、「早くみんなと同じくらい英語を話せるようになりたい」と、負けず嫌いの私に火がつきました。

ある日突然、英語が分かった

英語は祖母が教えてくれました。

ハワイでは、私立の小学校や中学校に入るには、ＳＳＡＴ（Secondary School

Admission Test）という全米統一試験を受けなくてはなりません。祖母はその問題集を私にやらせました。

日常会話でも苦労しているくらいなのに、私立の名門校に入るための問題なんて、ちんぷんかんぷんでした。

それに加えて、『シャーロットのおくりもの』という童話も渡されました。子ども向けの本ながら簡単すぎず、英語を学び始めた私には頑張れば読めるレベルでした。テキストを読んでいるといつも途中で眠くなってしまうのですが、「終わったらポップコーンをあげるよ」といった祖母のご褒美につられて、毎日30分〜1時間、頑張って勉強していました。

半年ほど経った、ある日のこと。突然、周りのみんなが話していることが理解できるようになったのです！　友達が普通のスピードでおしゃべりしている内容も、先生が教えてくれることも、全て聞き取れました。毎日の勉強に加え、学校で英語をたくさん聞いていたことがよかったのだと思います。

セピア色だった世界に、一気に色がついたような感覚でした。

成長というと、緩やかに上昇する曲線をイメージしがちですが、実際は、ある日急

に直線で急上昇することもあるのだと知りました。停滞が続いていても、諦めなければ一気に世界が開ける瞬間がきっと来るのです。

私の場合はこれがトリリンガルになった瞬間でした。

その後も、私なりに言語を鍛え続ける方法を模索してきたのですが、それについては第5章で詳しくお話しします。

諦めずに勉強し続けていたらなんとかなるものなのだという小さな成功体験を積んだ出来事でした。

ろこゆんルール

諦めることを諦める

荒れてしまった中学時代

「いい娘」ではいられなくなった

両親から注がれるはずの愛情が欠けた状態で思春期を迎えた私は、正体の分からない心の苛立ちをケンカで発散していました。

家でのストレスを発散するように、学校での私はとても乱暴な性格をしていたと思います。

ハワイの中学校には中国人がたくさんいて、英語より中国語のほうが断然得意だった私は、ここではすぐに友達ができました。

小学校時代の名残か、私はどのコミュニティーに行ってもリーダーポジションになることが多いのです。中学時代も8人くらいの女の子グループをまとめ、やっかんでくる別の派閥との小競り合いを繰り返していました。

ある日とうとう、「ちょっとタイマンでケリつけようや」みたいな感じになって、たまり場になっているビルの裏で決闘することになりました。

その話があっという間に広がって、当日ビルに行くと、学校の中国人コミュニティーから20〜30人くらい見物に来ていました。周りを中国人に囲まれた中で、派閥の代表として私ともう一人の子が殴り合ったのです。

習い事にだけは熱心だった母は、私を9年くらいバレエに通わせてくれました。バレエのおかげで足の筋肉が発達していた私は、蹴りをメインとしたケンカの仕方をしていました。相手の顔面にアラベスクで培った蹴りを入れて、鼻血を出させたこともあります。かわいがってくれたバレエの先生が知ったら泣くと思います。

このときのケンカには、多分勝ちました。ケンカは、自分が負けたって思わない限り、負けたことにはならないのです！

母との確執

母は結局、何一つ変わりませんでした。

祖父母の家には長くいられなくて、低所得者層向けの家に引っ越したものの、母はどんな仕事も長続きせず、私たち家族は住む場所を転々として、落ちつかない暮らしを送っていました。

私が中学校に入ってから、母には1年間くらい失業していた時期があります。デイケアセンターで働いていたとき、毎回遅刻して行って、勤務中も居眠りをしていたから、クビになってしまったのです。

アメリカは失業者の保障が手厚くて、1年くらい失業手当を支給されました。実際、額は家賃分くらいしかなかったのですが、1年間分の失業手当を存分に享受しようと、再就職することもなく、ずっと家にいて、ゲームやタバコを繰り返していました。

あまり知られていないようですが、実は過干渉とネグレクトは共存することがあります。

母親としての役割を全《まっと》うしているかといわれたら怪しい母ですが、私が頻繁に外出すると怒り、恋愛を禁止され、家では恋愛ソングを流すことさえ許されませんでした。

10代の私は真剣に漫画家を目指していたのですが、部屋が汚いという理由で、描いた漫画を全て破り捨てられたことも度々ありました。

母の束縛はどんどんひどくなって、「2日連続で、学校以外で家から出ちゃいけない」「夕方5時以降も外にいるんだったら絶対電話して」などと、いろんな細かいルールができていきました。

母のことを愛してあげなきゃいけない、守ってあげなきゃいけないと思う反面、たまに家にいないときは安堵さえしていました。母がずっと家にいることによって、私は無意識のうちにどんどん呼吸がしづらくなっていったのです。

周りに迷惑かけまくりのクソガキでした

家に帰りたくないこともあって、当時の私は学校が終わったら友達とマックに集まったり、友達の家でただ熱唱するカラオケ大会を主催したりしていました。

仲間内で暴君になるだけならいいのですが、この時期の私は誰彼構わず攻撃していたのです。友達と3人で肩を組んで歩きながら大声で歌っていたら、フィリピン人の女の子たちから「うるさいから、やめろ!」と怒鳴られ、「なんだよお前、文句あんの?」と下校中の道端でケンカが始まり、警察沙汰になりかけたこともあります。

中学校は、敵対していた子たちと1ミリも仲よくなれないまま卒業しました。

　高校は訳あって途中で転校しているのですが、最初に入った高校は、その敵対していたグループの子たちもいたので、またバチバチ火花を散らすような日々が始まることになります。

　そんなある日、校門の前で殴り合いのケンカに発展し、先生にたっぷりと叱られ、3日間の停学になってしまいました。

　さすがにショックを受けて、「もうケンカはやめよう」と心を入れ替えました。

ろこゆん
ルール

平和なストレス発散方法を覚えよう。

自分の心を守れるのは自分だけ!

認められることが居場所につながった

バイト先に居場所ができる

ハワイでは16歳から働けたので、私は16歳の誕生日を迎えた1週間後にはタイ料理店でバイトを始めました。お小遣いをもらっていなかったので、自分で稼ぐ権利を得られることがとても楽しみでした。

次に働いた日本の居酒屋チェーン店では、「チームに貢献できている」という初めての充実感を味わいました。

スタッフが日本から来た留学生ばかりだったので、同世代と日本語で会話できるのが嬉しくて、自分の居場所ができた気がしました。

非行に走ることもピタッとなくなり、またしたいとも思いませんでした。それまでの私は、本気で悪いことがしたかったのではなく、ケンカ以外に誰かの注目を得る手段を知らないだけだったようです。

夢から覚める

バイトが楽しくて、当時からワーカホリックの片鱗を見せていた私は、高校に通いながら週4日バイトに入っていました。一方、母は相変わらず週3日しか働いていませんでした。しかも、私には学校があるけれど、母は普段、何もしていないのです。バイトを始めるまでは、「母も大変なんだ」と盲信していたけれど、「母の状況なら、働くことはそこまで大変じゃなくね？」と感じるようになりました。

母との関係をバイト先で話すと驚かれることも多く、私は17年かかってようやく、自分の家庭が歪《いびつ》だと徐々に気づいていきます。**「これが当たり前」と思って育つと、なかなか自分の状況を俯瞰して見られないものです。**

物事は、比較対象があって初めて客観視できるものだと思います。**特に家庭に関しては、少しでも違和感を覚えたら勇気を出して周りに状況を話してみることを強くおすすめします。**

進学で分かれた2つの道

大学進学を考える中で、母が、「日本の大学もアリなんじゃない？」と言ってくれました。日本人の友達も多かった私は、母の言葉をきっかけに、日本の大学に行きたいと思うようになりました。語学力を活かして将来は通訳関係の仕事に就きたいな、という思いが芽生えたんです。

行くのなら国際系の大学がいいだろうと思って、私が選んだのは三鷹にキャンパスを構えるＩＣＵ（国際基督教大学）でした。

でも、それを母に言ったら、「なんで日本の大学に行くの？　アメリカの大学にしなさい！」と猛反対されました。わけを聞いても、出てくるのは「三鷹は田舎だからダメ」って全三鷹市民を敵に回しそうな理由や、「日本人の男の人って変態しかいないからダメ」という「日本で何があったの？」って思うような理由など、主観的な決めつけばかりです。

母はきっと、一時の思いつきで提案しただけだったのでしょう。私が本気にして、年間の学費、日本の平均家賃と平均賃金から割り出した必要額などの細かい計算をしてくるとまでは予想していなかったのだと思います。

「あなたの周りの日本人の友達を全員連れてきて私を説得しようとしても、絶対行かせないから」とまで言われました。

今となっては、私を自分の管理下に置きたかったのかな、と思います。


ケンカが激しくなっていくにつれ、母は私を無視するようになりました。同じ屋根の下に住んでいるのに、半年くらい口をきいてもらえなくなり、ただでさえストレスが多い受験期に、私は心身ともに疲弊してしまいます。

ストレス性のぜんそくで咳が止まらなくなったり、胃腸が弱くなって常にお腹を壊したりする状態になって、母との戦いを続ける力も、日本に単身乗り込む力もなく、日本への進学を断念しました。

母の望み通り、地元のハワイ大学に行くことを決意した私に、母はまた優しくなりました。

合格通知が来たときの母の嬉しそうな顔とは裏腹に、私の中の母への敬愛は音を立てながら崩壊していきました。

ろこゆん
ルール

自分の「当たり前」を周りに話してみる

リスペクトを勝ち取る公式は実力と味方の掛け算

バイトと飲み会に明け暮れた大学生活

ハワイ大学にはすんなりと入れました。

アメリカの大学は入学するのは割と簡単で、卒業するのが難しいとよくいわれているように、大量の課題が出て単位を取るのが難しくて、ハワイ大学も4年間で卒業できる人は50%くらいでした。望んだ道ではないにしろ、大学生活は一度きりだから、入学したら気持ちを切り替えて、思う存分楽しむつもりでした。

アメリカでは専攻を途中で変えるのは普通です。私も最初は言語学を選んで、「なんか違うな」と思って観光学に変えて、これも知識を使う幅が狭いように感じてしまい、独学するのが難しそうな金融に変えました。

うちが貧しい状況は変わらず、大学の授業料は奨学金で賄ったのですが、バイトを掛け持ちして、それ以外の費用は全部自分で払っていました。

週5日か6日はシフトに入り、朝はカフェでバイトをして、大学に行って、夜は鉄板焼きとお寿司を出しているKAIWAというレストランで働くのが日課でした。


今は閉店していますが、私はKAIWAが大好きでした。

アメリカのレストランは、バックサーバーとかサーバーとか、いくつかポジションが分かれていて、役職ごとにもらえるお給料が段違いでした。

最初はバックサーバーから始めて、テーブルの片付けとか、料理を運ぶ仕事をします。それで経験を積んだらサーバーにステップアップします。

サーバーは自分の担当するテーブルが決まっていて、つきっきりでお客様にサービスします。お客様にいいサービスだと思ってもらえたらたくさんチップをいただけるので、時給も合わせると一晩で150ドルくらい（当時1万5000円程度）稼げました。学生で一晩150ドルは大きいから、毎日のようにバイトに入っていたら仕事を早く覚えられて、私は3～4カ月くらいでサーバーに昇進したんです。

目指せ、100点!

KAIWAのお給料はポイント制になっていました。和食屋さんですが、そこはアメリカ式の実力勝負の世界。同じ時間働いても一晩で30ドルしかチップをもらえない人と100ドル以上稼いで帰る人がいました。私は俄然、燃えました。

ポイントシステムは至ってシンプルで、合計3人いるマネージャー陣が仕事のでき具合を判断します。みんな最初は30点からスタートし、マネージャー陣から「成長したな!」と感じてもらえたら5点ずつ加算されていくシステムでした。マックスは100点。100点を取っているスタッフは歴代でも数人しかいません。

私は日中英の言語を話せたので、お店に来るほとんどのお客様の母国語で会話ができました。それに人見知りしないので、自分で言うのもなんですが、当時のメンバーの中で一番人気のサーバーだったんです。私を指名してくれるファンのようなお客様が男女ともについてくれていました。

ごく普通のファインダイニングだったので、指名なんて一度もされないスタッフがほとんどです。私のような状況はとても名誉なことでした。

仕事を点数という現実で叩きつけられる状況は、平等に評価されることに飢えていた私にとっては願ったり叶ったりでした。

だってここでは、自分の努力次第で認めてもらえます。仕事さえできれば、いじめてくる人もいませんし、理不尽なことも起きません。初めてフェアなフィールドで戦えて、しかも今までの自分が培ったスキルが思う存分に生きる環境に、人生で初めてアドバンテージを感じていました。しかし、そんな喜びが続いたのは束の間でした。

大人の世界は、とても理不尽だ

問題は、日本人のジェネラルマネージャーとあまり相性がよくなかったことです。彼は、〝昭和のおじさん〟みたいな、男尊女卑的な意識が強い人でした。男性スタッフや、英語しか喋れない現地スタッフにはにこやかなのですが、女性で、完全日本人枠だった私にはとても強気でした。

ただの大学生のバイトが、お客様に指名されて、少ない人数でお店を回して、マネージャーさんたちから仕事ぶりを評価してもらっているのに、ポイントは95点止まり。残り5ポイントを1日5ドルに換算すると、週に5〜6回シフトに入っているから、1カ月で100ドルくらい損していることになります。

KAIWAのことは愛していたけれど、だんだん「100点にしてもらえないなら、転職しようかな」なんて考えるようになりました。

チーフと女性マネージャーに相談をしたら、チーフサーバーが「俺も説得しに行く」と言ってくれて、2人がジェネラルマネージャーに直談判をしてくれたんです。ミーティングのときに、ジェネラルマネージャーからはすごく偉そうに、「いや、ゆなはもうとっくに100点の人たちと変わらないくらいの仕事はしてると思ってるよ。でも、なんか、『私、仕事やってます』って感じが、どうも引っかかって」と言われました。

「だったら金もくれよ」と思ったのは言わずもがな、職場ではフェアな戦いができると思っていた私は甘かったようです。

人間というのは感情を持っている生き物だから、どれだけ大人になってもトップの私情一つで誰かが潰されたり、逆に生かされたりすることがあるのですね。

よくも悪くもバカ正直だった19歳の私は、そんなどうしようもないことに真正面からぶつかって、うだうだと悩んでいました。

「理不尽」との戦い方

この頃は、他の人と働く楽しさを感じるのと同時に、その難しさや、理不尽なときに自分はどう戦ったらいいのか、必死に考えた時期でした。

戦う場面では、実力行使するのか、味方をつくるのか。このときは、マネージャーとチーフマネージャーに味方についてもらっていたから解決できたのです。

自分の実力だけでは足りなくて、**ちゃんと味方もいないと、自分よりはるかに力を持っているラスボスの意見を変えることは難しい**のだと学びました。**一騎当千の実力があったとしても、単位が「一人」って無力**なんだな、でも、**味方もいたら、敵がどれだけ権力を持っていたとしても戦況を覆すことができる**のだと、このとき思い知ったのです。

自分の城を強く高くつくることによって、敵の襲来や障害があっても乗り越えられるのだな、と。

掛け持ちしていたカフェでも、いざこざがありました。

仕事中、マネージャーは私に対してちょっとトゲがある感じだったけど、気にしていませんでした。

しかし、週末、バイト先のみんなでガーリックシュリンプを食べに行ったときのこと。私がお手洗いに行って戻ったとき、同僚の女の子から「トイレどうだった？」と聞かれて、「綺麗だったよ」と答えたら、いきなりマネージャーが「そんなの中国人の感想だから参考にならないよね」って言ったのです。「それはさすがになくね？」

と固まってしまいました。給料も安かったし、KAIWAほどの愛はなかったので、さっさと辞めちゃいました。

意思表示は自分を守る

日本人は、シャイでアピールすることが苦手な人が多いといわれますが、やっぱり**自分の思っていることを伝えるのってすごく大事です。**

例えば仕事で誰にも負けないくらいの働きっぷりをしているなら、それ相応の報酬をもらうべきだし、それが叶わないなら納得のいく説明を求めるべきです。雇用主が責任だけ押しつけてきたら、「それは違うのでは?」と、学生であっても自己主張すべきだと思います。私もKAIWAでの実績に自信があったから、ジェネラルマネージャーに堂々とアピールできました。

逆に、それだけ実力があると思うのであればスパッと辞めて、自分という花を咲かせるための場所を変えればいいのに、とも思います。**自分に実力があって、周りを味方にする力もあれば、あとは正しい咲きどころを見つけるだけです。**

日本人はとても真面目なので、「ここで花を咲かせなきゃいけない」と思っている人がすごく多いような気がします。ブラック企業の話を聞いていると、「早く逃げて」と思います。

限界が来ているのに、今の場所にしがみついている人には、「あなたがここで培った経験って、ここだけじゃなくて、どこに行っても通用するユニバーサルなスキルなんだよ」と背中を押したいです。

先ほど「諦めることを諦める」と言いましたが、その見極めも大事です。

私の中で諦める基準は**自分がその場所を愛しているか、そして生死に関わるかどうか**です。

英語をしゃべることができないのは死活問題だったから頑張った、KAIWAは愛があるから頑張りたかったのです。皆さんも、迷ったときにはぜひ参考にしていただきたいです。

ろこゆんルール

戦い方と戦う場所は同じくらい大事。愛で見極めろ!

毒親との別れ

青春だったキャンパスライフ

ＩＣＵに行けなかったのは、今となってはよかったです。

ハワイ大学には日本から交換留学で来ている子が多くいました。今でも仲がいい友達の7～8割はハワイ大学で出会いました。大親友の純平との出会いもハワイ大学でした。

海外で出会った日本人って絆の深まり方が段違いだと思います。

海外に行きたいという時点で、思考が似ているのかな、と思います。それに、異国の地で長期間暮らすと、異文化や自分とは違う考えを受け入れやすくなる気がします。

バイトがない日には、講義が終わった後、みんなと「今日どうする？　暇だよね。じゃあダイヤモンドヘッドでも行く？」みたいな感じで山登りに行ったり、夜に仲のいい男の子とビーチに行って満天の星空を見たり、大学の図書館で夜中まで勉強したり。ハワイ大学での青春を存分に謳歌していました。

各国から来ている学生のために、大学では「インターナショナルナイト」という、自分の国のよさを発信しよう、みたいなイベントがありました。

純平が当時めっちゃアイドルにハマっていたので、「みんなでアイドルダンスしない？」ということになって、私はＡＫＢ48の『真夏のSounds good!』を女の子２人と歌って踊りました。

毒親との決別

大学受験を機に、母とは口をきく期間ときかない期間を交互に繰り返していました。ギリギリのところでかろうじて保っていた歪な親子関係は、些細なことをきっかけに完全に破綻します。

大学２年生の春。ある日、私が家に帰ったら、マックのアイスコーヒーがテーブルに置いてありました。アメリカのドリンクのサイズは大きいから、結露してカップの周りが水浸しになっちゃうんです。

私はベルト部分がスエード素材の腕時計をテーブルに置いて出かけていたのですが、結露でできた水たまりに浸かって、その時計がビショビショになっていました。

本当に小さなことだったのですが、母への鬱憤がたまっていた時期だったので、私はイラッとして、「こんなとこにコーヒーを置かないでよ!」ってキレたんです。

そうしたら、母は目を吊り上げて、「はあ? 今、なんて言った?」と必要以上に怒りました。

ケンカに明け暮れていたときの名残か、人が殴ってくるときの気配を敏感に察知できる私は、母が攻撃してくるのが分かり、カウンターで先に母を殴りました。

それまでは、母に暴力を振るわれても我慢していたのですが、初めて母に手をあげてしまいました。多分これが、母を親ではなく敵として認識してしまった瞬間でした。

母は「親に手を出すとは何事だ!」と怒り狂って、私の寝室にあった荷物を手当たり次第に投げてきたんです。投げながら、「お前なんか出ていけ!」と言われて、「じゃあいいよ、出ていくから!」と、完全に売り言葉に買い言葉。

母は祖父をはじめ親戚中に電話をし始めて、「今からゆなを追い出すけど、ゆなを助けたら、あんたとも縁を切るからね。絶対にゆなを助けるな!」と言って回ったんです。

さっきまでカッとしていたのに、親に本当に追い出され、居場所を完全になくしてしまうということが現実味を帯びてきました。

私は母に投げられた荷物を泣きながらカバンに詰め、その足でバイトに向かいました。泣いているだけでは現状が変わらないということは、今までの人生で嫌というほど理解していました。親に縁を切られたならお金が必要、だったらなおさら働いて稼がないと、と考えた私に、バイトを休むという選択肢はありませんでした。

仕事中は仕事モードの自分で、スタッフにもお客様にも、30分前に親に勘当されたとは絶対に悟られない「いらっしゃいませ」をいつも通り声高らかに発声し、笑顔を振りまきます。

だけどトイレ休憩中のものの5分でも、「もう自分には帰る家がない」という現実を受け止めきれずに涙が勝手に出てしまう年相応の自分もいます。冷静な自分と胸が引き裂かれそうな自分が交互に出てきて、おかしくなりそうでした。

これが、帰る家と母親の両方を失った日でした。親として信頼できなくなった母のもとに戻ることは、それきりありませんでした。

結局、一時的におばの家にかくまってもらうことになりました。バイトは元から本気でやっていましたし、シフトを週6で入れて金銭的には自立することができました。

諦めるときの私は誰よりも潔い

ハワイでは大学3～4年生になると、みんな就活を始めます。といっても、アメリカは日本ほど新卒バリューが強いわけではないから、卒業後にしばらく好きなことをしてから就職する人も多かったです。

アメリカには、「ボストンキャリアフォーラム（ボスキャリ）」という、海外留学を経験した日本人学生に向けて、毎年ボストンで行われる就活イベントがあります。

周りの留学生は8～9割参加していたので、私もなんとなくボスキャリに行こうかなという気になったんです。ボストンまでの航空チケットを買うための600ドル（当時6万円程度）くらいのお金をお財布に入れて出かけました。そのまま直行すればよかったものの、先輩に呼び出されて、気づいたら私はダーツバーにいました。

テキーラを飲んでダーツを投げた翌日、私は600ドルの現金と、買ったばかりのMIUMIUのお財布をなくしたことに気づきました。

日本でも3回お財布を落としたことがあって、いつもちゃんと戻ってきたけれど(日本スゴイ)、アメリカでは絶望的です。

私は「あー、これは就活するなっていう天のお告げだな」と解釈して、ダーツを投げ続ける日々を過ごしました。


就活ができなかった(しなかった)私は、「もう残された道は起業しかねぇ!」と思い、卒業したらまずフリーターになって資金を貯めようと計画しました。当時の私は、ファッションを辛口評価するようなメディアをつくりたいなと考えてたんですが、「何者でもない私が書いた評価って誰が読むんだろう?」と疑問が生じ、自分が知名度を上げて広告塔になれたらなんでもできるんじゃね? と思って、SNSで発信を始めました。

その後、ハワイもコロナ禍に襲われて、バイトができなくなってしまいました。このタイミングでYouTubeを始めることにしました。

ろこゆんチャンネル、スタート!

ろこゆんチャンネルの記念すべき初投稿は2020年7月13日です。

チャンネル名の「ろこ」は、実はロコビッチから来ています。当時の私は「フットワークは軽いけど股は重いよ！」と言うのにハマっていて、そこで友人のゆうじくんが「いやお前はロコ（ハワイに住んでいる地元民という意味）ビッチだ！」と言ってきたんです。本当にごめんなさい、そして股は重いです……。

親友が私のことを「ゆんゆん」と呼んでくれるので、それを合わせてLoco Yunという名前にしました。

といっても、最初の頃はどんな投稿をすればいいのか分かりませんでした。今では自分のどんな素顔でも見せられるくらい、素でやっているYouTubeも、始めたばかりの動画を観ると「ちゃんと話そう！」と気負っている感じが伝わってきます。

私はこう見えても恥ずかしがり屋なところがあるんです。昔の私は、居酒屋で焼酎飲んでガハガハ笑ってる感じで、かわいく笑ってポーズをキメた写真をインスタに載せるなんて、恥ずかしすぎてできないタイプでした。

それがSNSでインフルエンサーとして情報発信するなんて、そもそも客観的に見てビジュアル一本で戦えるほどの外見を持っていないので、始める前はかなり悩みました。

今でも仲のいい友達は、当時みんな「いいじゃん！」と背中を押してくれました。もちろんすぐ再生数を取れるようにはなりませんでしたが、彼らの応援に報いるために、絶対YouTube一本で食べていけるようになることを心に誓いました。

ろこゆん、秘書になる

そんなとき、ダーツバーでよく一緒にダーツを投げていた日本人の先輩が仕事を紹介してくれました。

先輩の知り合いの社長が秘書を募集していて、「ゆなちゃん、興味ある？」と聞いてくれたんです。海外での就労資格を持っている人で、日本語と英語が完璧に話せて、ある程度、ビジネスのバックグラウンドがある人を探していたみたいで、大学で金融を学んでいた私はピッタリだと思ってもらえたようです。

それはLAでの仕事でした。

一度大学でICUに行く夢を断念したこともあり、私には「ハワイから出て環境を変えたい」という気持ちがありました。その上、年収7万5000ドル（当時800万円程度）と聞いて、迷わず「やりたいです」と答えていました。

即採用が決まって、私はLAに旅立つことになりました。これが、14年間暮らしてきたハワイから出るきっかけになりました。
母とも別れて、友達とも、大好きだったハワイとも別れて、私の次のステージが始まることになったんです。

ろこゆん
ルール

毒を持っている人からは
離れるという対策を取ってもいいんだよ

LAでゼロからサバイブする

片道航空券を握りしめて

LAに移り住んで、私の社会人としての生活が始まりました。初めて自分で住む場所を決めて、片道航空券を初めて買って、LAに乗り込んだんです。知り合いが誰もいない、完全にゼロからのスタートです。

ハワイとLAは、「同じアメリカでも、こんなに違うの？」という驚きと戸惑いの連続でした。

ハワイは特殊で、競争がほとんどありませんでした。

経済活動は地元のみんなで回していこうという感じで、競い合って新しいものを生み出そうとか、よりよいものをつくろうという空気は感じられませんでした。のんびりしていて、いい人ばかりだったけれど、その日暮らしの人が多かったし、週末の娯楽もバーベキュー、釣り、ダーツバーくらいに限られていて、若者にとっては退屈な島でもありました。

ハワイの食事はおいしいと思っていたのですが、LAに半年住んでからハワイでエッグベネディクトを食べたら、「何、これ？　全然おいしくないじゃん」と驚きました。LAはレストランも競争が激しいから、味のレベルが高いのかもしれません。私も知らず知らず、舌が肥えてしまったみたいです。

ショートカットしたがるLAの人たち

でも、**いいものを競ってつくり出す競争社会って、本当の幸せにつながるのかな？**と、私は疑問に思います。

LAはアメリカの中でも「嘘くさい街（Artificial city）」として知られていて、実際に過ごす中で、薄っぺらい人間関係をつくる人や、汚い大人にも大勢出会いました。LAには映画産業で知られるハリウッドや、海に面した観光地サンタモニカがあるから、キラキラしているイメージが強く、何かを掴みたくて来る人がすごく多い街です。

でも、実際に会ってみると、なんだか余裕のない人が多いように感じました。

とにかく、1日でも早く、努力しないで成功にたどりつきたくて、ショートカットをする人ばかりでした。「俺が俺が」「私が私が」としのぎを削っているような環境で、もちろん刺激的ですし、アドレナリンとか出ているのかもしれません。でも、心の中は常に足りない、足りないって喉がずっと渇いているような感じです。実力をつけるために勉強するのではなくて、人脈をつくって、手っ取り早くいい仕事を紹介してもらおう、みたいな姿勢が伝わってくるのです。

「俺、誰々と知り合いなんだぜ？」とマウントを取ってくる人もいました。毎週末、ハリウッドのどこかで飲んで、セレブと出会って、ということに時間を使っているのなら、その時間で自分をもっと磨けばいいのに……。私はＬＡになかなか馴染めませんでした。

ハワイへ帰省するたび、週末にのんびりウクレレを弾きながら、ビーチサイドでバーベキューをしている人たちが楽しそうに見えます。住んでいた頃は、飽き飽きするほど繰り返した日常だったけれど、離れてみて、幸せはここにあったんじゃないかなと思うときもありました。

他人の神輿《みこし》を担ぎたくない

ＬＡでの仕事は、海外展開を考えている上場企業の、日本人社長の秘書でした。スケジュールを管理したり、社長の話を通訳したり、資料を訳したりと忙しくしていました。社長はすごくいい人で給料もいいし、仕事としては申し分ないはずでした。けれども、社長から「これやっといて」と命じられると、イラッとする自分がいたのです。

誰かのもとで働くって、その人がお金持ちになるサポートを私がしているということになります。その人の神輿を私が一緒に担いでいるわけです。でも、その神輿は私が背負いたい神輿ではないから、「じゃあ、ここにいる意味ってなんだろう？」と感じるようになったのです。

その頃にはYouTubeでそこそこ稼げるようになっていて、自分でゼロから1をつくる楽しさを知ってしまっていました。だからこそ、他人から与えられる仕事にそれと同じレベルの興味は持てなくなっていたんです。

もう私に仕事を振らないでよ、と勝手なことを思っていました。秘書なのに。持っている全てをYouTubeに賭けたいという思いから、1年後に退職する決意をしました。

耐えると我慢は違う

こういう話をすると、必ずといっていいほど、「起業するにしても、会社で働いてある程度経験を積んでおいたほうがいいよ？」というアドバイスをもらいます。

しかし、私は我慢できませんでした。しんどいのは耐えられるのですが、**耐えることと我慢はまるで違います。**

耐えるのは能動的だと思うんです。一方、**我慢はめちゃくちゃ受動的**な印象です。私の考えでは、耐えるのは自分から進んでやっていて、我慢はさせられている感じでした。

「耐えた先には」というように、耐えるのはその先の欲しいもののためにすることで、我慢した先にあるものは、ただのストレスです。

目標のために「この期間耐えたから、これができた」というけれど、「この期間、我慢した」というのは無理してその瞬間だけ乗り切っている気がするのです。

皆さんも、今の自分が、我慢して仕事をしているように感じるなら、辞めどきを考えたほうがいいと思います。一方、耐えている感覚があるなら、しがみつくその手を離さないでください。耐えられる仕事に出会えることは、人生の宝です。

ろこゆん
ルール

耐えると我慢を履き違えてはいけない

21年ぶりに日本へ

日本に帰るときをずっと待っていた

ハワイにいたときからYouTubeでは日本語で日本人向けに発信しています。理由をよく聞かれるのですが、単純に、当時は日本人のコミュニティーにいて、日本が好きだったからです。

支えてくれる仲間、そして応援してくれる視聴者さんのおかげで、ありがたいことに2023年から、PV数もチャンネル登録者数もどんどん増えていきました。それにつれて、日本で仕事をしたほうが可能性の幅は広がるのではないかと感じるようになりました。

日本にはハワイにいた頃から、頻繁に行き来していました。ハワイ大学に留学していた友達がたくさん日本にいるから、夏休みや冬休みは日本に遊びに来ていたんです。

2023年の冬に、Netflixから日本向けに映画をPRするお仕事をいただけたことが、今の私のいるべき場所は日本だとハッキリ分かった瞬間でした。これから、日本でもっといろんなお仕事の機会をいただけるようになる予感がしたのです。

ステージが変わるごとに、私には常に「日本か●●か」のように、他の街が選択肢としてありましたが、ついにそれは日本だけになりました。これまで日本以外を選び続けた私ですが、心のどこかで、自分の選択肢が日本だけになるタイミングをずっと待っていたのかもしれません。

日本に一時帰国していた2023年の冬、私のマネージャーの通称アビと彼女の家族とで一緒にご飯を食べていたときのこと。ちょうど27歳の誕生日直前ということもあって、「LAに住んでいる彼がプロポーズを考えてくれている」とか将来の話をしました。そうしたら、アビのお母さんに「ゆなちゃんは自分の人生でやりたいことを全部やりきってから結婚すればいいんじゃない？」と言われました。アビのお母さんには、私が彼との結婚に迷いがあることを見透かされていたのかもしれません。

帰り道、3駅分くらい歩きながら考えました。

望むキャリアも、大好きな友達との生活も、みんな日本にある。逆に私をLAに留まらせている理由は、当時お付き合いしていた彼氏くらいでした。

私は真冬の東京駅を歩きながら、彼氏と自分の夢を天秤《てんびん》にかけて思いきり悩もうと思っていたのに、気づいたら私の指はGoogleで日本移住への手立てを調べ始めていました。ビザの種類や、賃貸の値段を調べ、「待って、今の私ならいけるじゃん」と期待に胸が膨らみました。

無意識の行動は、心や頭より早く答えを出すものなんでしょうね。もう私の答えは明白でした。

彼はとても優しくいい人で、幸せにしてあげたいのは本心でした。だけど、「一緒に幸せになる」というビジョンは見えていなかった自分に気づいてしまったのです。

3年半付き合った彼との関係に終止符を打って、日本に帰る決心をしました。

メンタル削られるビザ申請

日本への移住に、こんなにもお金や時間がかかるとは知りませんでした。

私はアメリカ国籍を取得していたので、日本でビジネスをするために「経営管理ビザ」を取ることにしました。

何度も心が折れそうになりながら、なんとか申請を済ませ、2024年6月から日本に滞在し、8月下旬に無事審査に通りました。

2024年現在、日本は円安で、世界から「日本は物価が安い」とインバウンド客が押し寄せる状況になっています。

「失われた30年」といいますが、日本は30年間も経済が停滞していて、給料もなかなか上がっていないようです。それなのに物価は上がっているから、生活が苦しい人は大勢いると思います。

このような状況だけ聞くと「なんで今の日本に戻ってくる気になったの？」と思われるかもしれませんが、私から見たら日本は治安もいいし、愛情深い人が多いし、秩序を守るし、物価もアメリカに比べると3分の1くらいだし、いいところだらけです。

こうして私は、3年間のLAの生活にピリオドを打ち、ハードルをいくつも越えて、21年ぶり（！）に日本で暮らし始めました。

ろこゆんルール

本音は無意識の行動に出る。従うのが吉

第2章

どんな人間関係も
ポジティブに変える

親友は自分が選んだ家族

逆境の原因は「人」だけど、打ち勝つ力をくれるのも「人」

私には、視聴者さんからも「ろこゆんファミリー」として親しまれている、私が自分で決めた「心の家族」がいます。

血縁上の家族に関しては、父とは一緒に住んだことが人生で一度もなく、母は半分ネグレクトだったので、私はずっと、誰かからの愛情に飢えていたような気がします。いつも心のどこかにポッカリと空いた穴を感じて、満たされない心を満たそうと必死でした。

そんな私の人生を変えてくれたのが、ひなこ、純平、ケントの3人です。かけがえのない親友のおかげで、私は今、笑っていられるのだと思います。

いいことと悪いことは表裏一体で、**人を傷つけるのは人ですが、その傷を癒やしてくれるのも人**なのです。**逆境のトリガーも大抵人が引きますが、そこで人を信じる心**

を諦めないでほしいです。

喜びとは、分かち合う人がいると指数関数的に増えるものです。一つの幸せのかたちとは、心の内を語り合える仲間がいることだと思います。

そのうちの一人、ひなことは14歳のときに出会って、2024年時点でもう13年の付き合いになります。黒いロングヘアがつやつやしていて、ありとあらゆる毛穴から育ちのよさが滲み出ているような、いわゆる〝お嬢様〟です。高校時代はディズニーキャラクターがプリントされているTシャツをよく着ていて、とてもかわいらしかったです。口調もおっとりしていて天然で、ケンカ三昧のうるさい私とは正反対でした。

そんなひなことの出会いは〝超普通〟でした。

ハワイの高校に通っていたとき、同じクラスで隣の席になって、「あれ、日本から来たの？　よろしくー」という感じで始まりました。ポケモンでいうと、序盤の草むらで雑魚の鳥ポケモンが出てくるくらい、テンプレート通りの自然な出会いでした。

当時、ひなこは親の転勤でハワイに来たばかりで、まだ英語は全然話せない状態だったから、「分からないことがあったらなんでも言ってね」と言ったのを覚えています。

その頃、高校では毎週日記を書かされていたのですが、隣の席だから、ひなこが何を書いているのか見えたことがあります。

ひなこは「I wanna go back to Japan.（日本に帰りたい）」と書いていて、「この子めっちゃホームシックなうじゃん」と思いました。

ひなこは当初なかなかアメリカに馴染めなくて、ずっと日本に帰りたいと思っていたと聞きました。その後、アメリカでは集団行動をしなくていいし、周りの目を気にしなくていいんだということに気づいてから、アメリカでの生活は自分に合っていると思うようになったみたいです。元々ひなこは集団行動が苦手で、日本にいたときには、周りに合わせないといけない同調圧力の強さに、生きづらさを感じていたのです。大学でアメリカのよさに気づいて、初めて息がしやすくなったと言っていました。

ひなこがくれた、忘れられない言葉

その頃の私は、アイデンティティー・クライシスで悩んでいました（第3章で詳しくお話しします）。

自分が日本人なのか、中国人なのか、よく分からなくなっていたんですね。

悩みに悩んだ末、母に相談してみるも、返ってきたのは「あなたは中国人だよ」という一言のみでした。

思春期の私には、誰にも共感してもらえないこの悩みを一人で抱えきれなくて、サマースクール（高校の夏期講習）に出ていたときにひなこに打ち明けました。

「私の両親は中国人だけど、生まれは日本で、中国では『お前は日本人だ！』と言われていじめられていた。私は何人として生きていったらいいんだろう。自分は日本人の心を持っているって言いたいけど、本当の日本人は嫌がるんじゃないかな。私、どうしたらいいんだろう」と延々と話していました。

ひなこは嫌な顔一つせずに、私の話に真剣に耳を傾けてくれました。

そして、「ゆなはゆななんじゃない？　ゆなが日本人だって思いたかったら、日本人でいいと思う。それに、ゆなが日本人だって自分が言うことで、日本人に嫌がられるんじゃないかって気を使うのって、まさに日本人らしい考え方なんじゃない？」と言ってくれたのです。

この言葉で葛藤の全てが解消されたわけではないけれど、ひなこが肯定してくれたおかげで、私は過去を乗り越えて、私のままに生きる勇気をもらえました。ひなこはそのとき14歳の子どもだったし、ずっと日本に住んできたから、私みたいにアイデンティティーが揺らぐことはなかったと思うのですが、彼女が寄り添ってくれたあの時間が自分の中ですごく大きな力になって、私は救われました。

あの夏、ひなこが私の側で寄り添ってくれなかったら、今でも私は悩み続けていたと思います。

そうか、「自分は日本人の心を持っている」と思うことを後ろめたく感じる必要はないんだ。「本当の日本人の皆さんに不快な思いをさせていたらどうしよう」なんて考えなくてもいいんだ。**生まれる人種は自分が決められることじゃない、でも自分の生き方は自分で選べるはずだ。**

ひなこがくれた言葉が力になり、私にそう思わせてくれました。

それ以来、彼女は唯一無二の親友です。

「日本人でありたい」プライドとの葛藤

ある日、ひなこから「ゆなの日本語は『ら行』の発音が変だよね」と指摘されました。中国語のら行の発音と日本語のら行の発音は、実は微妙に違っていて、私のら行の発音はめちゃくちゃ中国語寄りだったのです。

手紙を渡したら、ひなこに「ゆなの文字ってミミズみたいだよね」とか、「ゆなの書いた漢字、読めないときある」と言われたこともあります。

中国では漢字を簡単にした「簡体字」を教わりました。日本の漢字は繁体字だということは知っていたのですが、どれがどう違うかなどは、詳しく理解していませんでした。私は日本の小学校に入る前に中国に移ったから、ひらがなくらいは書けても、漢字は学んでいなかったのです。

このことを指摘されたとき、すごくショックを受けました。日本語力も人並みにあると思っていたのに、そんな自分のプライドが崩されたように感じました。

できると思っていたことを「実はできませんでした！」と受け入れることは怖いことです。

いろんな葛藤はありましたが、その小さなプライドを守るより、できると思っていたことがちゃんとできる自分になりたいと思い、プライドを捨てて日本語をまた一から覚えなおそうと決意しました。

きっと、日本で普通に暮らしてきた日本人が、この歳で日本語を勉強し直すことはありません。自分の日本語を下手だと認めることは、自分はれっきとした「偽物」の日本人なのだと受け入れることと同じでした。

だけど、自分が受け入れようが受け入れまいが、私の感情がどう抗おうと、この時点の私が「偽物」なのは変わらない事実です。だとしたら、努力してその事実を変えるしかない、そう思いました。

おそらくひなこは深く考えずに指摘してくれたのだと思うけれど、私はこのときに母国語を取り戻す戦いの狼煙《のろし》を上げました。

血のつながらない家族

ひなこに出会ってしばらくして、私は中学時代の初恋の人と同じ学校に通うために転校することにしました。アメリカの高校の転校のハードルは日本よりも低いのです。そのとき、ひなこは「ふうん、そう。行ってらっしゃい」とそっけなかったのですが、1年後にひなこも転校してきました。

基本、ひなこはツンデレなんですよね。「ゆなのことはそんなに興味ないよ！」という態度を取るのに、行動がそんな態度を裏切るのです。

その後も、一度本土の大学に入学した彼女は、1年半後に私と同じハワイ大学に編入してきました。私がハワイからLAに移住したときも、ひなこは追いかけてきてくれて、また一緒に住みました。

そのとき、私は当時付き合っていた彼氏と住んでいました。

実は、その彼はひなこの元彼なんです。私とひなことひなこの元彼と3人で暮らすという、第三者から心配されてしまいそうなシチュエーションでした。

何を隠そう、私は10代の頃、2人がキスをしている場面を直接見たことがあります。2カ月で終わった短い恋でしたが、それでも受け入れられるゆなはすごいとみんなに言われていました。

大学時代、ハワイで一緒に住んでいた時期は、距離が近すぎるあまり、お互いの嫌なところが目に入って、月1くらいでしか遊ばない時期もありました。

その後、LAでひなこと2年ぶりに一緒に生活したときは、期間が短かったといえど、お互い大人になっていることを実感しました。上手い距離の取り方や親しい中でも礼儀を持って接することを学んでいて、とても楽しく暮らせました。

ひなことは、ぶつかり合いながらも一緒に子どもから大人へと、姉妹同然に成長していったような気がします。

私の側にはずっとひなこがいてくれて、ひなこの側にはいつだって私がいました。


気づいたら私の人生の大きな一部になっていたひなことは、努力して仲よくなったわけではありません。本当に自然と、お互いの人生に溶け込んでいった感じです。

もしかしたら、家族に恵まれない中で頑張った私に運命の神様がくれた最初の宝物なのかなと思います。

ひなこは私に、**血がつながってなくても「家族」のような絆は育むことができるんだよ**って気づかせてくれた存在です。

ろこゆん
ルール

家族に恵まれなくても大丈夫。

自分でつくればいいのだから

今を生きる楽しさを教えてくれた、人生の相棒

相方との最低で最高の出会い

人生を大きく変えた2人目の〝家族〟が純平です。

純平と出会ったのは19歳の秋。ハワイ大学で1学年上でした。いつも不思議な髪形をしていて、お世辞にもイケメンとは言えず、丸メガネに悪目立ちするセンスのないキャップ、そして緑の水玉のスニーカーをよく履いていました。

いわゆる〝陰キャ〟寄りの雰囲気だったけど、人柄のよさが見ただけで分かる、思わず話しかけてみたくなっちゃうような魅力がある人でした。

仲よくなる前に一度、講義で会ったことがありました。すぐ日本人だと気づいて、「純平さん（先輩だから、最初はさんづけの敬語）、隣に座ってくださいよ」と言ったのですが、なかなか隣に座ってくれなくて。本人曰く、童貞だったから緊張していたらしいです。

仲よくなったきっかけは、学校のイベントで偶然一緒になって、バスで帰宅中に話したことでした。なぜかAVの話になって、純平が好きなジャンルを教えてくれたのです。私はとにかく下ネタと下世話な話が大好きだから、一気に盛り上がりました。純平は女の子にはすこぶるモテないけど、飲み会に1回行くとリピーターがつきやすいタイプで、みんな純平のことをすごく好きになるんですよ。

そんな純平と出会って、私の世界は色がついたように鮮やかになりました。

そこから、専攻は違うのに、なるべく一緒のクラスを取って、多いときは週5でつるんでいました。

私はビジネス用の日本語の敬語などを学ぶクラスを取っていたのですが、純平は日本から来ている日本人だから、既に学習済みとみなされて、そのクラスに入れなかったんです。

でも、私たちはどうしても同じクラスになりたくて、ない脳みそをフル回転させた結果、教授に「将来的に自分のビジネスに必要だから、どうしても学ばなくてはならないんです」とメールを送って説得しました。教授からオーバーコードライド（特定の学生に対する例外設定）を無理やり出してもらって、無事に一緒のクラスになれました。

もちろん純平は他の学生よりも敬語ができたから、途中からテストのときに純平だけ「英語で書け」とか言われて、罰ゲームのようになっていました。

1人から2人に、2人からみんなになっていく

こうして、信じられないくらいバイブスが合った私たちは、光の速さで仲よくなり、誰もが引くほど長い時間をともに過ごし、ハワイ大学の日本人コミュニティーの名物凸凹コンビになりました。

2人とも、本当はキラキラした高校生活を送りたかったはずなのに、それが叶わず冷ややかな目で「別にいいし」と強がっていました。

大学に入学し、1人では不安だったことも、2人でいれば怖くなくなりました。素直に「社交の場に出たい！」と思い、2人で手を取って、足を踏み出したことによって、私たちの人生は明るくなりました。

私たちは「楽しい」に貪欲で、飲み会やカラオケはもちろん、ダーツやSUP、ヨガ、ハイキングにシュノーケル、ペンションでのお泊まりなど、自分たちの日々をより楽しいものにするために一切の妥協をしませんでした。

大学では「メンター・メンティー」というプログラムがありました。メンターは教える人、メンティーは教わる人です。現地の学生が留学生の子たちをサポートするプログラムで、純平が「面白い留学生、釣れそうじゃね？　行こうよ」と言って、私たちも参加することになりました。

私は元々、こういうイベントに一人で行けるタイプではありませんでした。純平がいてくれたから、行けたのです。純平と場数を踏めたことによって、ゆくゆくは一人でもコミュニティーに入っていけるようになりました。

そのプログラムで、メンターが4〜5人のメンティーをおいしいご飯に連れていく企画があったんです。学校がお金を出してくれるので、各メンターのセンスが問われる腕の見せどころでした。

私はもう絶対一番イケてるとこに連れていきたいと思って、ワイキキを一望できるルーフトップのタコス店を選びました。ロケーションもいいし、料理もおいしいからメンティーたちはすごく喜んでくれました。

純平はというと、メンティーたちをワイキキビーチに連れていって、ポケ（ご飯の上にマグロやアボカドなどを載せたハワイの伝統料理）をご馳走したんです。

それが純平的に一番オシャレだと考えたらしいのですが、「屋根もないところでメンティーに丼を食わせるやつなんて、オシャレのスタート地点にも立ててないよ」と周りからは酷評されました。

その後、お互いのメンティーを連れてワイキキビーチで合流して、みんなで盛り上がりました。今、私の会社を手伝ってくれているユイと出会ったのも、そのときです。メンター・メンティープログラムを通して出会った子たちとは、今でも旅行に行ったり、飲みに行ったりしています。

そうやって、私たちの周りにはどんどん個性豊かな仲間が増えていきました。

感動的な別れのはずが……

純平が半年飛び級し、卒業して日本に帰ることになったとき、お祝いしようと8人くらい集まって、よく行く鍋料理店に行きました。みんなでいつも通り楽しく飲んだくれました。

純平がお世話になった人たちにお願いして事前に書いてもらった手紙を「純平、これ」とサプライズで渡したら、純平は読みながら号泣していました。私もそんな姿を見て、一緒に泣いて。

その後、カラオケに行って夜通し歌って、肩を組んで、泣きながら帰りました。純平は私と同じくらい寂しがり屋で粘着質。いつも、みんなと解散した後すぐに帰らず、「私を家まで送る」という大義名分で私の家までついてきました。無駄にアパートのロビーでたむろして、財布を投げ回したり、飲み会の反省会をしたり……。

純平のハワイ最終日もいつものようにうちのロビーへ。だけど、いつもと違うのはもう、「また明日ね」と言えなかったこと。

鬱陶しかった純平inロビーもこれで最後だと思うと、あんなにカラオケで泣いたのに、まだ涙は止まることを知りませんでした。刻一刻と迫るさようならの時間、くだらない話をしながら流れていく時間を敏感に感じては、時が止まることを切に願いました。

純平が、「じゃあ僕そろそろ帰るね」と告げて帰った午前3時。

この道を歩く純平をお見送りするのも最後だと思って、純平の背中を目に焼きつけようと、純平が見えなくなるまで手を振り続けました。

それから2、3日経って純平から電話がかかってきました。「ゆんゆん……僕、卒業できなかった」と言われたとき、なんとなくそんな予感はしていたので、「は？」

としか返せませんでした。

だって、あいつ大学にほとんど行かず、酒ばっかり飲んでクラブでナンパしてたんだもん。アメリカの大学はそんなやつが卒業できるほど甘くありません。

あの感動的な別れは何だったの？　私の涙を返せ。利子つきで。

アメリカは卒業式の後に、最後の成績が出るんですね。式には出られるんだけど、その後送られてきた成績表を見たら実は単位が取れてなくて卒業できないというのはアメリカあるあるです。

純平はあえなく留年決定。学費が足りなくなって、日本に戻って1年間働いて100万円貯めてから、またハワイ大学に戻ってきました。

まぁそんな私も半年留年しちゃったんですけどね。

だって、酒飲んでワイキキで暴れ回ってたんだもん。

ほら、アメリカの大学はそんなやつが卒業できるほど甘くないって言ったでしょ？

「今を生きる楽しさ」を教えてくれた

純平は、今を生きる楽しさを教えてくれました。**同じ目線で同じところを目指して一緒に走っていけたのです。**

対人関係における変なこだわりにも通ずるものがあって、これ以上ない居心地のよさでした。人を好きになるポイントも嫌いになるポイントもとても似ています。みんなで遊びに行った帰りも、もっとここ盛り上げられたよね、という具合で反省会をします。とにかく私たちは「楽しい」が大好きなのです。

私の毎日がキラキラ輝いたものになったのは、純平がいてくれたからでした。純平と過ごした大学生活が、今の私の全ての礎となっています。ケンカばかりして荒れていた私と、陰気な暮らしをしていた純平。**「今までの自分たちが悔しがるくらい、人生を楽しくさせよう」という共通の目的を持った私たちは、肩を預け合って、青春を駆け抜けていきました。**

私の大学の卒業式のとき、純平が、わざわざ日本からサプライズでハワイまで来てくれました。

そのとき、Ｔシャツをくれたのですが、そのＴシャツには今まで出会った友達からの手書きのメッセージがびっしり書いてありました。

２人の共通の友達は大勢いましたが、みんな日本に帰国した後、各地に散らばっていました。それなのに、大阪や名古屋、広島にも行って、日本全国を回ってメッセージを集めてくれたのです。

後にも先にもこんな粋なプレゼントをくれるのは純平しかいません。どんなブランド品よりも価値がある、私の一番の宝物です。

私には、ＬＡに移ってから、コロナ禍でしばらく日本に行けなかった時期がありました。

その頃純平は大学を卒業して日本にいましたが、自分の進路に思い悩んでいたようです。ハワイでのびのびと生きる楽しさを知った後に日本へ帰国して、窮屈な毎日、コンクリートがそびえ立つ街と、常に時間に追われている人々。

本当は何かしらのビザを取得してハワイに戻ってこようとしていたのですが、願いは叶わず、日本に残って活路を見出すしかありませんでした。

あんなに嬉々として下ネタをしゃべるハッピーガイだったのに、先が真っ暗に見えたようで、笑顔がなくなってしまって、少し鬱っぽい時期がありました。

純平には、限界まで気持ちが落ちると失踪する癖があります。私と毎週電話をしていたのに、この時期に1カ月くらい連絡が取れなくなりました。


本当は日本に飛んでいきたかったけど、コロナ禍でできなかったから、友達に純平の住所を教えて様子を見に行ってほしいとお願いしたこともあります。

私が関わり続けようとしたことで、「このまま心配をかけてちゃいかん！」となんとか気持ちを戻して立ち直って、戻ってきてくれました。

いつまでも、かけがえのない存在

誕生日は毎年、私がどこにいようが関係なく、必ず私の現在地での0時ぴったりに誕生日おめでとうのＬＩＮＥをくれます。

私の20歳の誕生日に**「You're definitely what's up in my life」**と言ってくれたのがとても印象に残っていて、私もその後の純平の誕生日に全く同じことを伝えました。

「what's up in my life」とは**人生にとって必要不可欠だよ、人生のすごく大事な中心だよ**、という意味です。

この本を書いている3週間前に、純平が午前2時のシーシャバーで、「僕、最近もっとゆんゆんと仲よくなれた気がして嬉しい」と泣きながら言っていました。さすがにキモすぎたけど、私も同じことを心の中で思っていました。

そんな感じで、仲間内で大騒ぎして、たまにケンカしながら、私たちの仲は現在進行形でより強いものに成長していっています。

ろこゆんルール

Definitely what's up in my life を見つけよう

お母さん、本当は嫌いになんてなりたくなかったよ

家族でも分かり合えるわけじゃない

YouTubeで私の親は毒親だという話をしたら、「うちも毒親だった」とメッセージがたくさん届いて、家族関係で苦しんでいる人はたくさんいるんだな、と思いました。

親は選べない。

親を嫌いになりたい子どもなんて、世界に一人もいない。それなのに断腸の思いで嫌いになってしまった人がこんなにも多くいると思うと胸が痛くなります。

家庭が比較的円満な人は、悪意なく「家族なんだから大事にしないと」と言うことがあります。

まず私が思うのは、**人にはそれぞれ地獄がある**ということです。同じ地獄を経験しないと共感はできません。だから、同じ経験をしたことがない人に、私は共感を求め

ません。

だから、もしもあなたが周りの人から、**嫌いな親のことを「大事にしないと」「いつか分かり合えるよ」と言われたとしても、許せない自分が悪いのだと傷つく必要はありません。**

そして、優しさでこのような言葉を伝えたことのある人も、経験したことがないのだから仕方ないです。次に親子関係で悩んでいる人がいたら、優しく寄り添ってあげてください。

渡せなかった最初で最後のプレゼント

高校生でバイトを始めた私は、今までよりお金を使えるようになって、初めて母の日にプレゼントを買いに行ったんです。母は猫が好きだから、猫のプリントのTシャツをあげようと思って、一所懸命探しました。

そんなに高いTシャツではありませんが、初めてのバイト代で買った母の日のプレゼントです。「あら、Tシャツを買ってくれたの？　嬉しい、ありがとう！」と喜んでくれたら嬉しいなぁ、なんて想像で胸を膨らませ、嬉々としてアメリカンイーグルのお手提げを家に持って帰りました。

ところが、母は、そのTシャツを一目見るなり眉をひそめて、「これ、全然私の趣味じゃないから返品してきなさい」って言ったんです。

私は耳を疑いました。3秒間、世界がフリーズしたと思います。誇張抜きで。

「どうせ着ないものをくれても、お金を無駄にするだけだから、返品してゆなのお金にしなさいよ」と言われ、私は「普段着が難しいならパジャマにしてくれてもいいんだよ」と提案しました。母にどんな形でもいいから、プレゼントを受け取ってほしかったのです。

しかし、母はキッパリ、「私は着る気ないから」と言いました。

せめて、「ありがとう。気持ちだけ受け取っておく」と言ってくれていたら、まだ救われたと思います。でも、全く興味ない感じでTシャツを突き返してきたので、私は部屋に戻って、着てもらえなかったTシャツを抱きしめながら、一人で泣きました。

この話で伝えたいのは、私が可哀想だったということではありません。

母は、善意でプレゼントを突き返したのだと思います。どうせ着ないのにゆなのお金がもったいないわ、と本心で思ってくれたのだと思うのです。

ですが、私は度々、母の悪意のない言動に傷つき、母への愛も信頼も削られていきました。

母が壊れた……!

私が20歳になったばかりの頃の出来事です。ある日、家に帰ると、珍しく妹と母が怒鳴り合いのケンカをしていました。それまで母と妹の関係は、私ほど悪くなかったので驚きました。

母は、「もう、ゆなだけじゃなく、あんたもこんなんだったら生きていけない。死んでやる!」と、急にキッチンまでダッシュして、包丁を出そうとしたんです。

さすがに「ヤバい」となって、母を羽交い締めで止めました。

すると、おかしくなってしまった母が、「何、あんた私を殺そうとしてんの?」と逆に私が母に殺意を向けているかのように言います。暴れる母を押さえきれなくなってきます。だけど押さえないと母が自殺してしまう。

妹に「早く警察呼んで」と言って、警察を呼んでもらいました。

母は私を振り切った後、自分の部屋に立てこもって、鍵をかけて出てこなくなってしまいました。もし部屋に刃物があったりしたら、母がそのまま自殺しちゃうんじゃないかと、妹は怯えて泣きじゃくっていました。妹をなだめながら、私の心も不安でいっぱいでした。

やっと警察の人が来て、「出てきてください」と呼びかけたら、母は部屋から出てきました。あんなに暴れまわったのが嘘みたいに、「私は大丈夫です」と平静を装っていました。

私が警察に状況を説明したら、「一度病院で診てもらいましょう」と連れていかれ、母はその日のうちに退院して、祖父の家に泊まりました。

病院で問題ないと判断されたため、数日後に母は家に帰ってきました。

今もふとしたときに、あのとき母が適切なケアを受けられていたら今の状況は変わっていたのかな、と思います。

心理学の大学院を出た友人が言うことには、**「自分の気持ちを素直に受け止めるのが、ネガティブな感情を昇華させる第一歩」**だそうです。

波瀾万丈だった幼少期と思春期を経験しても、私が誰かを恨まず明るくいられるのは、私が素直だったからかもしれません。私はつらいときはつらいと言うし、夜一人で声をあげて泣くことは27歳になった今でもあるし、無理して強がったりすることは少ないです。どんなにお先真っ暗な状況でも、自分の気持ちから逃げることはほとんどありませんでした。

その友人はこうも言いました。「こころの病気は誰でもかかる可能性がある」。精神がすさむことは、全く恥ずかしいことではありません。私も、一歩違えば鬱になっていたかもしれません。

現代に生きるみんなはきっと頑張りすぎているから、泣きたいときにちゃんと泣けているか心配になります。

無理せず、たくさん泣いて、つらいことを認めて前に進んでいきましょうね。

二度と帰ることのない家

母の自殺未遂事件から数週間後、私は前述のように家から追い出されてしまいます。追い出されて2週間くらい経って、母から「そろそろ戻ってくれれば?」と連絡がありました。まるで、何事もなかったかのように。

でも、1回娘を追い出せる人は2回も3回も追い出せます。

家には帰りたかったですが、何事もなかったかのように振る舞う母の神経を疑い、信じて戻ってまた失う恐怖のほうが勝ちました。

また家を取り上げられるくらいなら、いっそ帰らなければなくすこともないと思い、二度と家に帰らないと決めたのです。

これまで母の話をしてきましたが、今でも母は悪い人ではないと思っています。自分のしたことを謝らずうやむやにしようとするのも、その場の感情で動いて、気に入らないと癇癪《かんしゃく》を起こすのも、子どもがすることです。悪意は本当になかったのでしょう。子どもが子どもを産んでしまって、私に自己投影をして歪んだ愛し方をしてしまっただけなのだと思います。

父と12年ぶりに再会する

父は私が許した中で最低な人、でも一番許してよかったなって思う人です。

第1章を読むと、父は最低な男だという印象で終わるかもしれません。

私も事実、嫌いだった時期があります。ですが、物心がついて母がおかしいことに気づくと同時に、父がしたことを擁護することはできないけれど、話に聞いていたほどひどい人ではないかもしれないと思うようになりました。私はどうしても父が愛情を全く持っていない、ただのクソ野郎だとは思えなかったのです。

私は、あまりにも父のことを知らなすぎました。母の口から聞いた父の話は、母の歪んだレンズで見たものだということを理解した私は、父親がどういう人間なのか、この目で確かめる必要があると思いました。

ハワイに行ってから、父とは10年くらい連絡が取れませんでした。父の連絡先を聞こうものなら、母がヒステリックになって収拾がつかなくなるから、何も聞けなかったのです。

でも、妹が父の連絡先を見つけてくれて、私が22歳のときに、ハワイから中国へ父に会いに行きました。母から離れて2年、母への愛情からくる父への嫌悪感は、とうに私の中で風化されていました。

12年ぶりに父に会いに行くとなって、正直、とても怖かったです。

こちらから連絡ができなかった状況とはいえ、父からだって、その気になれば何かしらのアクションを起こせたはずです。

12年という気が遠くなるほど長い時間の中で、父は私たちにアクションを起こさなかった＝大事に思われていない。そんな図式が頭によぎることはおかしくありません。

それなのにノコノコ会いに行っても迷惑なんじゃないか？　私がこれっぽっちも愛されていなかった可能性が現実になって、打ちのめされるだけじゃないのか？

そんな不安も抱えていましたが、父に対する好奇心のほうが勝っていました。

会う前日に、シャワーを浴びながら、「お父さん」と言う練習をしました。誰かを父と呼ぶことはとても久しぶりだったから。練習をしながら、少しだけ泣いた記憶があります。

北京首都国際空港で再会した父は、私を抱きしめてくれました。中国の人はスキンシップをあまりしないイメージだったので、とても意外でした。父に「実際、子どもは何人いるの？」と聞いたら、「8人いる」って。「産んだ母、何人いるの？」「5人いる」という会話をしました。しかも、一番若い母は私のほんの3個上でした。なんとも言えない気持ちになりました。

きょうだい8人、母5人で父をシェアしなきゃいけないなんて、子どもも母も多すぎだよ。お前、流行りのシェアオフィスかよ。

だけどその場で父に涙を見せるのは悔しくて、グッと堪えて、父が用意してくれた宿に戻って一人で泣きました。

誰かが原因で泣きたくなったときの涙は、その誰かが受け入れてくれる確証が自分の中で持てない限り、目の前で流すことはありません。私のちょっとした意地です。

ただ、レストランで働いているという話をしたら、父から「いいか、アメリカにはチップとかあるかもしれないけど、そこは大事じゃないんだ。大事なのは、お前はいずれ人の上に立つことになると思うから、マネージャーがどういうふうに人を管理しているかとか、どういうふうにお店を回しているのかとか、お金の動き方とか、そういうのを学びなさい」と真顔でアドバイスされました。

誰にも話したことはありませんでしたが、私もずっと同じことを意識して仕事をしていました。

初めて私と同じ着眼点を持つ人が家族にいたんだと分かった瞬間でした。私の考えを言う前に、同じことを語ってくれた父とは、どんなに離れて暮らしていても心が通じ合っているような気がしました。

父は、私が将来経営の道を歩むことを確信したかのように、自身の経験をたくさん話してくれました。我が家は経営者一族で、父は1990年代に30代前半で億を超える資産を築き上げたのだそうです。

ガハハと笑うところや、意外と涙もろいところなど、私が見た父は、人情に溢れた人でした。初めて感じた家族との心のつながり、私は父を愛さずにはいられませんでした。

父の言葉が私のお守り

父に言われて忘れられないのは、**「你是成虫还是成龙都看你（お前が虫〈chong〉になるのか、龍〈long〉になるのかはお前次第だ）」**という言葉です。

「それは、私が龍になれるから、今みたいなこと言ってくれてるの？」と聞いたら、父は何も言わず笑ってくれました。父は私のことを信じてくれているし、私のことをちゃんと見てくれているんだって、そのとき思えたのです。

それだけで十分だったんですよ、私にとって。確かに父のせいで掻き回された人生だったけれど、全て水に流そうと思いました。これがきっと、中学時代に渇望していた親からの言葉だったのです。

血のつながった親に認められること、分かり合えること。私は22歳にして初めてそんなつながりを手に入れることができました。

父がこのときくれた言葉は、しんどいときのお守りになりました。

言葉はときに人を傷つける刃になるけれど、それ以上に誰かを守る盾にもなります。優しくされた分、人は優しくなれます。親に信じてもらえるのは、何よりの原動力です。

実はこの本の執筆に伴って、過去を鮮明に思い出して皆さんにお届けするプロセスが思っていた以上に大変だったんですね。

本を書くというのは究極の内省で、普段思い返さない過去を文字に起こしては胸が締めつけられることが多々ありました。

そんな情緒不安定だった時期に、ちょうど父から電話がかかってきました。泣いていたので、本当だったら電話に出なくてもよかったのですが、私は泣いていることを父に知ってほしかったのか、電話に出ました。

父は私の声色が違うことにすぐ気づき、「どうした?」と慌てました。

「お父さんにもっと側にいてほしかったよ」と言うと、「本当に申し訳ないと思ってる」と返ってきました。

「お父さんに会いたいよ、今まで大変だったんだから」

「そうだよな、子どもたちの中でゆなたちが一番大変だったと思ってる。今後償っていくし、ゆなはお父さんが全力で守るからね」

「償うとか考えなくても一緒にいてくれるだけで十分だよ」

そんな会話をして、とても幸せな気持ちになって、気づいたら私は笑顔になっていました。

父なら、泣いている私も受け止めてくれる。そんな確信をやっと持てたから、安心してわんわん泣くことができました。そして、父は私の思っていた通り、私を受け止めてくれました。

母に家を追い出され、バイト先のトイレで一人泣いていたあの頃の自分に、もう声を押し殺して一人で泣かなくていいんだよ、と教えてあげたいです。

書きながら、「お父さん大好きだよ」と伝えたくなったので、WeChatでメッセージを送ったら、「なんだ、どっかで俺の悪口でも言ったのか?」と、父はまんざらでもなさそうでした。

人は人を傷つけてしまうからこそ、間違えたときには謝る気持ちを持っていてほしいです。だって謝ってくれないと許せないから、許すチャンスが欲しいです。

今の私の密かな目標は、腹違いの兄弟全員に会って、コンプリートすることです。今のところ、実の妹、母Dが産んだ妹と弟、母Eが産んだ弟には会いました。母Aが産んだお姉ちゃんと妹には子どもの頃に会ったことがあるのですが、大人になってからも会ってみたいなと思います。理由は面白そうだからです。

幸い私には自分が選んだ最強の家族がいます。だから、もし血のつながった家族と馬が合わなくても大丈夫です。

腹違いの妹からは時折、父について相談されることもあります。

とてもしっかり者な18歳の妹は、お姉ちゃんができたことをとても喜んでくれていました。

彼女の気持ちを本当に分かってあげられるのは、同じ状況を経験している家族しかいないので、今は妹や弟が将来困ったときに頼れる窓口を私が増やしてあげられたらいいなぁと思っています。

家族は関係性が近いからこそ難しいものです。

相容れないなら、家族だからって無理する必要はないけれど、家族と心を通わせることができたら、それはこの上ない幸せだと思います。

傷つけられた過去も、愛された経験も両方できたから私は強くなれたんだと思います。その全てが今の私をつくった勲章です。

ろこゆん
ルール

你是成虫还是成龙都看你

お前が虫になるのか、龍になるのかはお前次第だ

いい人は、どうでもいい人

いい人になろう症候群になっていませんか？

日本で暮らし始めて、改めて感じているのは、日本には「いい人」になろうとしている人が多いということです。

それが日本人の美徳だとは思うけれど、私は、100人に「この人いい人だよな」って思われるより、たった2人でも「この子、めっちゃ好きだわ」と思ってもらえる人がいたほうがいいです。

私のことを「いい人だな」と思ってくれる人って、私が何か困っているときに「助けて」と言っても、あくまで「いい人」で終わっているから、多分助けてくれないいんじゃないかなと思うんです。でも、猛烈に好きでいてくれる2人なら、何がなんでも助けてくれるはずです。だから、100人となんとなくの浅い関係をつくるより、私は2人に深く愛されたいです。

私は社交の場によってカードの切り方は変えるけど、切るカード自体はあまり変えません。

例えば、私のことをかわいがってくださっている社長に「奥さん抱いてますか?」と聞いちゃうこともあります(※聞き方が爽やかじゃないと下品なだけだからむやみに真似しないでね!)。もちろん、本当にしているかを聞きたいわけではなく、場を盛り上げるためです。

相手も「ゆな、お前ふざけんな!」と返してくれて、相手にこの子は冗談が通じる、軽口叩けるって分かってもらえる手っ取り早い手段になります。

そのツッコミが笑いを生んだりしますしね(※言う相手と言い方は選ぼうね!)。

軽口を叩けると、自ずと相手との距離が縮まる気がするんですよね。

いい人でいたい理由を5つ挙げてみて

「いい人」を目指したいという人がいたら、「なんで?」って聞きたいです。

納得できる理由が5つあるんだったらそのままでもいいと思いますけど。

いい人でいたい理由を5個挙げるとしたらなんですか?

じゃあ、逆に、嫌われるデメリットってなんですか?

嫌われるデメリットって、よく考えたらそんなにないと思うんですよ。人は人のことを簡単には嫌いになりません。嫌いになるというのは相当なので、私のことを嫌っている人のことは、多分私も嫌いです。だったら、好かれる必要なんか1ミリもないんじゃないかと思います。

「嫌われたら仕事をやりづらくなる」と思うのなら、そもそも好き嫌いっていう感情を持ち込んで仕事を妨げる相手に問題があるから、自分には問題ないですよね。

もちろん、自分がその人のことを嫌いになって、その感情を持ち込んで仕事に支障が出るんだったら、よくないですが。**わざと嫌われにいく必要はないけれど、嫌われたら嫌われたで、実はそこまでデメリットはないと思うんですよね。**

仕事の依頼主と立場は対等なはず

以前、仕事の依頼をもらってやりとりしていた人が、毎回LA時間の夜中にメールを送ってきて「●月●日の何時までに返事してください」と書いてきました。

その上、指定された締め切りがLA時間の午前4時（メール送信の数時間後）だったこともありました。めちゃくちゃ横柄だなって私は感じたんです。私がLAに住んでいることは分かっているはずなのに、時差を無視していて。

そこで、「毎回、無理な日時を指定するのはこちらも対応できないのでやめてください」と丁重に、ですが強気にお伝えしました。

私に全然返事をしないような前科があって、心配になってそういうことを言ってるんだったら時間指定などはするべきだと思いますが、そうでないのに毎回書いてくるのは失礼です。

その仕事は、向こうも連携が取れてないのか、担当者がコロコロ替わるし、言ってることも変わったりしました。それで何回かブチギレて、「もう一緒に働きたくないです」となってしまいました。

報酬はよかったのですが、そのために自分の心を殺して仕事しなくちゃいけないんだったら、私はしたくないです。他に稼げる手段を探します。


一緒に仕事する相手だって、自分で選ぶべきだと思います。お金に困ったらバイトを増やせばいいし、転職すればいいだけです。自分に自信があって、しっかり結果を出すことができたら、仕事を依頼してくれる人は他にも必ずいます。

だけど、心を壊したら、一朝一夕で修復できることではありません。人の心を一番掻き乱すのは他でもない、人間です。一緒にいる人は選別していくべきだと思うんです。

仕事は依頼した側だけに決定権があるんじゃなくて、受ける側にも断る権利がある

から、嫌なことがあったらハッキリとNOと言えばいい。

もちろん、いい関係を築くために気を使うのは大前提ですが、「嫌い」とまで思わせるとんでもない人が来たら、返り討ちにしてやるぞってくらいの気持ちでいます。

「一緒に働きたくないってわざわざ言わなくても、次の仕事を断ればいいのに」と思うかもしれないけれど、ストレスはためたくないし、自分のスタンスを伝えるために、わざわざ言います。その会社からはもう依頼は来ないかもしれないけれど、こっちももう仕事をしたいと思わないから、何も困りません。

敵をつくらないことに違和感

私、「敵をつくらない生き方」にすごく違和感を覚えます。

敵をつくらないために、嫌な人の前でへつらったりとか、取り繕ったりとか、自分にストレスをためるような生き方をすることを、穏便な生き方だと思っている人、とても多くないですか？

私はストレスをためたくありません。自分の生きている時間が大事だから。

私の人生の中で、嫌いな人に割く時間は1秒もないと思っているので、おもんない集まりだと、1時間で切り上げて帰る日もあります。もう会うことはないので、名前も忘れます。

もし、1時間で切り上げた相手が周りに私のことを悪く言いふらしたとして、多分この人と距離が近い人は私も苦手だと思うんですね。類は友を呼ぶというように。

だから、苦手な人たちに悪く思われるだけだから、別にいいか、と思えます。


自分が一番大事にするべき自分を1時間も2時間も犠牲にしてまで、どうでもいい人のご機嫌を取って、その人にいい人って思われたいですか？

「別に敵になっても構わないよ」というマインドでいたほうが、自分らしく、ラクに生きられると私は信じています。

ろこゆんルール

嫌いな人のために私の時間は1秒も使いたくない

現在進行形の逆境、恋愛

不器用だった初恋

私は恋愛下手です。

見た目がギャルで下ネタもよく言うから、驚かれることも多いけれど、初めて男性と付き合ったのは18歳のときで、友達の中でも早いほうではなかったと思います。

母と父の幸せとはいえない関係を見て育った私は、恋愛から無意識に距離を置いていたのだと思います。

経済力がない女性が恋に溺れても、男性に見向きもされないし、捨てられちゃうんだ。それで、捨てられた女性ってこんなに惨めなんだ、というのを間近で見て育ってきたから、誰かとお付き合いをしてデートして、ということに憧れを持つことがありませんでした。母にも恋愛するなと固く言われていたので、ある意味で洗脳されていたのかもしれません。

だけど私も、恋心を誰にも抱かなかったわけではありません。

初恋の相手は福建省出身の背の高い男の子で、向上心があるところが好きでした。中学校で同じクラスを多く受講していて、いつも冗談ばかり言って戯れ合っていてとても仲がよかったです。

だけど、恋愛から遠ざかるよう育てられた私はどうやら自分の恋心にとても鈍感で、自分がずっと恋愛的な好意を持っていたことに気づいたのは、出会って3年目のときでした。

18歳で彼氏持ちデビュー！

初めて付き合った彼氏はバイト先の店長でした（※KAIWAじゃないよ）。

相手は10歳も年上の日本人で、彼から「付き合おう」と言われました。私もちょっといいなとは思っていましたが、自分が誰かと恋人関係になるというのがどうしても想像できませんでした。今思い返すと、怖かったのだと思います。

一旦持ち帰って後日LINEか何かでお断りしようと思ったのですが、バイトでかなりの頻度で顔を合わせる仲です。私の思惑はお見通しだったみたいで、「今日答えてほしい」と夜中のアラモアナの公園で2時間説得されました。結局「そこまで言うなら……」という感じで付き合うことになりました。今思うと、10歳も下の学生によく告ったよねって感じですが。

彼は、湘南でサーフィンしてそうなマッチョなイケメンで、「漢」という漢字がよく似合う人でした。

コミュ力が高くて仕事もできるから尊敬はしていたのですが、恋愛になるとかなり亭主関白な人だったのです。

最初はお互いハワイにいたのですが、付き合って半年で向こうは日本に本帰国することになって遠距離恋愛になりました。

日本にいる期間は、彼の家に泊まらせてもらっていたのですが、バケーションで来ている私に毎朝のお見送り、晩ご飯づくり、洗い物、部屋の片付けなどを全て求めてきました。

結婚を考えて、常に「俺がゆなをいい奥さんに育てないと!」という目線でいたからだと思うのですが、バカ騒ぎして殴り合いのケンカをする私は、彼の描いている「いい奥さん」像とは程遠いです。

「違くね?」と抗議をすると、「俺のことが好きならそれくらいやるでしょ?」と返されることもありました。納得できない要望を一度通してしまうと、この恋愛においての私の人権がなくなるなぁと思って突っぱねましたが、相手も態度を変えることはなく、ケンカが絶えませんでした。

上司としてはとても好きでしたが、恋愛になると違ったみたいです。

酔っ払った勢いで付き合った彼氏も

2人目の彼氏とお付き合いしたのは、最初の彼氏と別れた1カ月後でした。私はハワイでたまにウェディングモデルをやらせてもらっていて、相手はその新郎役のモデルさんでした。

偶然ワイキキで共通の知り合いと一緒にいるところを見かけて、「あ、あのときの！」と再会をしました。

私は彼氏と別れた直後で、よく飲み歩いていたこともあって、すぐ飲み仲間になりました。

ある日の午前4時、ワイキキのGSというみんながよく行くカラオケから出て、彼が「家まで送るよ」と言ってくれて、手をつないで歩いて帰ったんです。

酔っ払っていた私は、「え、つまりこれってどういうこと～？」と聞いて、彼が「付き合っちゃう？」と聞いてくれて、「そうしよ～」となりました。

今度は底抜けに優しい人と恋愛したい！　と思っていた私は、顔もタイプで、そのときの私の恋愛の条件に全て当てはまっていた彼と、よく知らないままノリで付き合うことにしました。

一緒にいて楽しくて、始まりは軽いノリだったけれど2年間も続きました。笑うと目が三日月になるところとか、私の大学終わりやバイト終わりは車で迎えにきてくれるところとか、とにかく優しくて前の彼氏との嫌な思い出を上書きしてくれるような恋愛でした。

私は恋愛より友達が大事で、付き合ってからも週5で飲み歩いていました。

彼は、私に男友達が多いことが不満だったようで、話し合いをしているときに、「俺が女友達とばっかり遊んでたら嫌じゃない？」と聞いてきたことがあります。私は、「全く嫌じゃないし、むしろその子たちの存在があったから今のあなたがいるわけだし、感謝してるくらいだけど」と伝えたのです。彼は、「そっか、俺はそこまで大人になりきれない」とため息交じりに言いました。

彼は結婚も真剣に考えてくれていたようですが、合わない部分が出てきてしまい、別れを告げられました。

LAで生活をともにした彼

そして、YouTubeを視聴してくれている人にはお分かりでしょうが、最近まで一緒にいてくれた人。

動画で出会いについてはお話ししたことがあるので簡潔に言うと、幼なじみで、長い間思いを寄せてくれて、お付き合いに至った人です。

昔からお互いのことを知っているし、居心地もとてもよかったです。一生を添い遂げるって、こういう相手が一番なのかなぁと本気で思っていました。

今でもそれは一つの答えだったとは思うけれど、悲しいことに20代前半の自分が思い描いていた未来は、今の私に当てはまらないんですね。

付き合い始めた当時は自分がどうなりたいかなんて分かりませんでしたが、23歳から27歳にかけての4年間って、人生においてとても大きな変化を経験するものだと思います。

安定を求めていた彼と、まだ上へ上へと仕事に情熱を注ぎたい私。

恋人になるまでの期間がとても長かったので、付き合う前にそれは分かっていたことでした。しかし、私にはそのギャップを埋める努力も、彼のために変わることもできませんでした。私が悪いのです。

逆境が生んだ後遺症

いつも私は、恋に溺れる男女を冷ややかな目で見ていました。恋に溺れるのはダメだと潜在意識が訴えてくるからか、自分が相手を70％くらい好きでいられる状態がちょうどよかったのです。

自分が自分でいられなくなるほど、100％好きになるのはとても怖いことでした。だからそのときの自分の条件に合った人を打算的に選択して、付き合ったはいいものの、友達や仕事を優先してしまう、という状態が続いていました。

人は70％の好きくらいでは、誰かのために変わることはできないようです。私は今までの恋愛で何一つ自分の価値観を相手に合わせたり、変わろうとしたりしたことはありませんでした。自分勝手で矛盾した恋愛をしては別れを繰り返してきました。

だけど、最近になって思うのは、多分私は大人なんかじゃなくて、恋愛に対して人一倍臆病なだけなのです。心を男性に持っていかれることが怖い、母の二の舞になってしまうかもしれない、と。

恋愛の先に幸せがある世界を、私は知らないで育ちました。

私は元彼全員に「バレなければ元カノと2人でご飯を食べに行っても、浮気してもいいよ」と伝えたことがあります。理性的に考えたとき、男性の浮気と女性の浮気は性質がまるで違うから私は許せるよ、と。

私の好きはどこまでも「理性」で、大事だと思う気持ちは間違いなくあるものの、感情を募らせてのめり込むことはありませんでした。それが私の「好き」なのだと、ずっと思っていました。

元彼たちのことは好きだけど、恋に溺れないから嫉妬もしません。私の世界が恋愛によって乱されることもない、それくらいが心地よかったんです。

おかげで私の世界が揺らぐことはありませんでしたが、結果今まで全員とお別れしているわけで。

過去の相手にいつか言われたことがあります。「恋愛を冷静に見てしまったらそれはもう恋愛じゃないよ」って。

ずっと冷静だった私は、本当の恋愛をしたことなんてなかったのかもしれません。

そして、今

そんな私には今、好きな人がいます。

お察しの通り、誰かを強く思っていないと、こんなパッパラパーが恋愛について内省をすることはありません。

この人は実は何年も前から知っていて、たくさんいる男友達の中で唯一、ずっと異性としてしか見られなかった人です。最初の印象は怖かったけれど、それ以上にとても興味を持ったことをよく覚えています。


少し前にとあるきっかけがあって、私は「終わった」と思いました。多分だけど、一世一代の大恋愛が始まる音が聞こえたのです。

人のことを好きになるのは理屈でもなんでもなくて、「きっと私はこの人のことを、どうしようもないくらい好きになってしまう」と、心と頭が追いつく前に直感で感じてしまうようです。


ＬＩＮＥの返信が来ないと落ち込む自分も、緊張して返信の文面がおかしくなってしまう自分も、彼が前にお付き合いをしていた女性のことを気にしてしまう自分も、全てが初めてでした。

情けない自分と出会うのが怖い、こんな苦しい気持ちになりたくない、早く解放されたい。自分が自分でいられなくなることを何よりも恐れていた私は、「もう会うのをやめよう」なんて告げたこともあります。

他の人を好きになれるのなら、なりたい。

彼のことが人として大切すぎて、手に入れる楽しみより、その後失ってしまう怖さを考えて、正解が分からなくなります。正解がない、理屈で解決できないことは、とても苦手です。

会えることは楽しみなはずなのに、いざ当日になると、緊張と、臆病な自分が前面に出て、足取りが重くなります。予定が変わって会えなくなったときには、残念な気持ちと同時にホッとしてしまう自分もいました。


本当は9月を最後に、もう諦めようと思っていました。

しかし、諦める期日まで決めた2日後、本の執筆をしているときに、もし運命の神様がいたら「あなた、やりすぎだよ」と思ってしまうくらい、私の決意を揺るがす出来事が起こったのです。


恋愛について本に書くことは、最後まで悩みました。

最初は明確に「嫌だ」と意思表示もしたのですが、編集さんが「読者さんはきっと知りたいと思う」と言ってくださって、そうだよなぁと思って書き始めたのです。

第1稿では、この話の上辺だけを軽く撫でて、5行くらいしか記しませんでした。

第2稿を書いている今、**これだけ偉そうに逆境について語っている私だって現在進行形で逆境を経験しているのに、それを伝えないのはフェアじゃない**と思いました。逆境を経験しているみんなを応援するためにも、改めて赤裸々に綴っています。

どうしようもなく誰かを好きになった先に幸せが待っているか、今の私には分かりません。

今まで、どんな逆境だって自分の気持ちから逃げずに向き合って解決してきたつもりです。ですが、恋愛になると私はこんなにも臆病で、常に逃げることで頭がいっぱいで、情けないです。

いつかどこかで、この恋をしてよかったかどうかだけでも、皆さんにお伝えできる日が来ることを願うばかりです。

ろこゆん
ルール

逃げ出したくなることも、
向き合って乗り越えていきたい

人生勉強は飲み会が9割

飲み会は人生勉強の場

もし、周りに落ち込んでいる人がいたら、私は「テキーラ飲もうよ」とか「いいちこ飲む?」と声をかけます。

私は、人生のトラブルの9割を飲み会で解決してきました（※若干盛ってます）。飲み会で600ドル失くしたりと、失ったものもたくさんありますが。

飲み会は人と仲よくなりやすいし、いろんな人とつながれるし、トークスキルが上がるし、聞き上手にもなれるし、面白い思い出がたくさん増えるし、視野が広がることにもつながるし……。得られることは二日酔い以外にもたくさんあります。

私は飲み会を、**話すための練習台**にするときもあります。どれだけ場を回せるか、自分の力を試すことができる場にもなります。

どんな場でも、学びの場になると思うんです。

海外のドラマを観るにしても、ただ楽しいなと思って観ているのと、「この中国語、知らなかったから明日使ってみよう」という視点で観るのとでは、そのドラマを観る1時間の重みというか、学べることが全然違ってきます。

それと同じで、いろんな人がいて、あんなにワーッてやってる飲み会の数時間って、超勉強の場になりませんか？

もちろん、先ほどお話ししたように、おもんない会は早めに離脱します。でも、普段、おとなしい人がおしゃべりになったり、真面目そうな人が破天荒なエピソードを語り出したり、酒癖が悪い人のことも含めて、いい人生勉強になると思います。人にはいろんな顔があるんだということも分かります。

幹事になって、おもてなしの心を磨く

もし、私が会社勤めをしていたら、飲み会の幹事をやるタイプです。自分から手を挙げて「やります！」って言いますね、絶対に。ＫＡＩＷＡにいたときも張り切って幹事をやっていました。

幹事をやると、すごくスキルアップしますよ。幹事って人を喜ばせるための仕事

じゃないですか。**仕事とは全て誰かを喜ばせた結果として支払われる対価なので、人を喜ばせることを学ぶのはとても大事です。**

だから、どんなお店を選んだらみんなが喜ぶかなとか、どんなコースにしたら盛り上がるのかな、って考えます。飲み会の最中も、料理やドリンクに気を配って、一人でぽつんと飲んでいる人はいないか、目を配って。

その視点って、普段の仕事にも絶対に役立ちます。だから、飲み会の幹事は本当におすすめです。

飲み会でコミュニケーションの場数を踏む

今の若者には、飲み会を敬遠する人も多いと聞きますが、私は行ったほうがいいと思います。

会社の飲み会が楽しくないのは上司がよくないからです。だって、そもそも上の人たちが、みんなが楽しめる会になるよう意識しなきゃいけないんだから、楽しめなかったとしたら絶対、上司に責任があります。

本当に「おもんねぇな」と思ったら行かなくていいと思うんです。

でも、全部断ってしまうのはもったいないなと思います。**やっぱり人間関係って場**

数だと思うから。飲み会は手っ取り早く場数を踏める場所なので、自分のために行ったほうがいいのかな、と思います。

場数を踏んでいくうちに、この飲み会多分おもんないなというセンサーも磨かれていきます。実際、私は楽しくない飲み会を事前に察知できる能力が身についたので、そういう会を避けることで時間を無駄にすることが減りました。

ですが時折、**あえて無駄なことをしにいくことも一興**だと思いますよ。無駄なこともあるから、人生は面白いのだと思います。

私はみんなでお酒を飲むのが好きだから、一人で家でお酒を飲むことはありません。たまに、部屋からの配信で床に酒瓶が転がっていることもあるけど、それは前の晩に友達と飲んだ名残です。

聞き役に回るだけでもＯＫ！

飲み会に行って、どんな会話をすればいいのか分からない人は、**聞き手に回ればいい**と思います。

絶対、誰かがしゃべってくれるから、それを聞いてあげるだけで相手に喜ばれます。だって、飲み会って、みんなが「自分が話したい」って思っている場だから。聞いているときに意識すべきポイントがあります。**どういう会話で場が盛り上がるかを観察する**んです。そうやって頭の中で飲み会データが蓄積されていくと、場慣れがそこから発生していきます。

飲み会で面白い人が言ったことで場が沸いたら、次の日、自分もそのネタを使えるわけですよね。どんどんデータをストックしていくうちに、「こういう場面ではこんな話をすればいい」と見極められるようになります。そうやって場慣れしていくものです。

私は、何かトラブルが起きても、「飲み会のネタになるから大丈夫」と思います。嫌なことも、飲み会のエピソードトークにすれば「面白い」に変わるのです。

自分の話したことがウケなかったときは、自分とウケた人との違いについて考えると思います。

例えばキャラが違うとか、いた場面が違うとか、言ったタイミングが違うとか。場数を重ねるごとにデータが整理されて精度が上がっていきます。このブラッシュアップを続ければ、コミュニケーションスキルはぐんぐん上がります。

飲み会はリアルなコミュニケーションの場

私も昔はお酒が飲めなくて、バドライト（アメリカのビール）1本でベロベロに酔っ払うタイプでした。死ぬほど吐いて、酒に強くなっていったんです。今、テキーラで7杯はいけます。

もちろん、無理にお酒を飲めるようになる必要はありません。その場でみんなで盛り上がるだけで十分です。

コロナ禍以降、オンラインでのやりとりが増えて、リアルなコミュニケーションは減りました。だからこそ、飲み会で積極的に人とやりとりしたほうがいいと思うのです。

ろこゆんルール

飲み会の断り方を考えるくらいなら、参加したほうが何かにつながる

第3章 アイデンティティーを探して

私は誰なの

中国人にも日本人にもなりたかった私

私はこれまでの人生で、何度もアイデンティティー・クライシスに悩んできました。アイデンティティー・クライシスとは「自分は何者なのか」という疑問にぶつかり、自己を見失ってしまう状況のことをいいます。

バイリンガルやトリリンガルなど、複数の言語や祖国を持つ人が陥りやすく、「自分は何国人なんだろう」と思春期に思い悩む子は多いようです。

私は中国にいたときは「お前は日本人だ」と仲間外れにされ、ハワイに来てからも中国人のコミュニティーには日本人だといじめられ、国籍を持っているもののアメリカ人ではなく、日本人のコミュニティーにも馴染めない、浮いた存在でした。

今となっては、別に何人でもいいじゃん！　カテゴライズするなんてくだらない！と思っていますが、思春期の私は自分をカテゴリーに当てはめたかったのだと思います。**コミュニティーに所属して、みんなと同じという安心感が欲しかったのです。**

今の私が、我が道を歩んでいるように見えるなら、それは見間違いではなく事実です。ですが私も最初からそうだったわけではありません。

皆さんに思い出してほしいのは、中国に引っ越したことも、ハワイに移住したことも何一つ私は自分で選択していないということです。

モノリンガルから、バイリンガル、そしてトリリンガルになった際も、世界に羽ばたきたい！　という大志を抱いた末のものなら、それはたいそう褒められたことなのかもしれません。しかし、私の場合のモチベーションはただ生活に必要だったからで、それ以上でもそれ以下でもありません。

住んだ国と話せる言語が多いことを、みんな目を輝かせながら「すごい！」なんて言ってくれましたが、すごいという言葉を聞くたびに私はみんなと違うんだ、と疎外感を覚えていました。

10代の私にとって、身につけたスキルなんてどうでもよくて、それ以上にみんなと一緒がよかったのです。中国人でもいたかったし、日本人でもいたかった。

バイリンガルというと響きはいいですが、中途半端でどっちつかずだった過去の私は、今ほど自分のことを誇れませんでした。

「中国人」になる道のり

日本と中国両方に対して深い情を抱いていた私は、10代の頃よく「知ったかぶり」をしていました。

中国にいた小学校時代は、文房具を巧妙に使いクラス内の地位を獲得したわけなのですが、ハワイに移った中学時代の思春期の私は、周りの中国人と同じがよかったのです。

しかし、複数の文化を背景に育った私は、とにかく中国の常識が分かりませんでした。例えば、中国人がよく観るバラエティー番組に、芸能人がワイワイと盛り上がる『快乐大本营』というものがあるのですが、私は何が面白いのか全く分かりませんでした。過剰な編集に大袈裟なリアクション。自分の感性には全くハマりませんでした。だけど、このときの私は視聴している媒体の面白さより話題に入れるか入れないか、自分が胸を張って中国人と言えるかどうかのほうが大事でした。そこで中国ドラマ、中国語の曲にたくさん触れるようにしたのです。

メディアにはその国のカルチャーもたくさん反映されます。

例えば私が好きな中国語の曲の中に、直訳すると「握ってはいけない手、これから私たちは匿名の友達」という歌詞があります。正直、今でも歌詞の意味はあまり分かっていません。中国語の曲はとにかく比喩的な表現が多くて、難解なものが多いです。恋愛ソングは登場人物がいつも命をかけているというか、しっとりしているというか。普通に恋愛していればいいのに、すぐ千年とかあり得ない単位が歌詞の中に現れます。それくらい情熱的で、実はロマンチストなのかもしれませんね。私は結構好きだったりします。

たくさんの中国語の曲を聴いて、歌えるようになって、ミニジャイアンだった私は友達の前でリサイタルという名の自己満行為を繰り返し行い、いつの間にか中国人としての自分を確立していったのです。

その証拠に、13歳の私は初恋の人を思ってポエムをよく綴っていたのですが、自分でもよく分からない比喩的表現をたくさん使っていました。千年どころか一万年くらいの単位も、中学時代の私が書いたポエムでは常連ワードでした。

念願の「中国人」になった

ひなこと出会った14歳の私は、変な話、自分は努力して中国人になったのだと思っていました。「なった」ということは、元は違う何かで、その何かとは日本人だと思い込んでいたんです。だって私は日本で生まれているし、中国人はみんな指をさして私を日本人だと言っていたから。

だけど、それは大きな勘違いだったのです。

ひなこが学校内のビルの向かい側にいたんですね。私は大きな声で「おい！　バカ！　何してるんだよ！」と叫びました。ひなこはもちろん思いっきり罵られたものだと思って、変な顔をしていました。私は、ひなこ今日機嫌悪いな、最近いい感じだった男の子と何かあったのかな？　くらいにしか思ってなくて、気にも留めませんでした。

中国人の間では、親しみを込めて憎まれ口を叩く人が多いのです。

初恋の人は、私のことを名前ではなく「バカ」と呼ぶことが多かったです。

日本人には信じられない感覚だと思うのですが、中国語で恋人に呼ばれたらドキドキする言葉ランキングに「笨蛋（バカ）」は常にトップに入っているのです。バカは、英語でいうBabyみたいな呼び名だったりします。

ひなこに恋愛感情を抱いているとかそういう話ではないのですが、私は最大限の親しみを込めて「バカ」と呼んだのですね。

今までの努力が功を奏した結果、自分の愛情表現が中国特有のものだと分からなくなるくらい、そのとき私はれっきとした中国人だったのです。

こんなはずじゃなかった

自分が日本人ではないことに気づいたのは、道端大声バカ事件の数年後でした。ひなこと出会って1年くらい、私はひなこ以外の日本人と接する機会がそこまで多くありませんでした。

しかし、転校した高校は日本人が多い学校でした。そこで日本人のグループに入ることになって、私は10年ぶりに日本語を日常的にしゃべる生活を送ることになります。マンツーマンで話すときと違って、大人数での会話ほどコミュニケーションスキルを問われるものです。ですが私は、コミュニケーションスキル以前の問題に気づきました。

「あれ、私ここにいるとき、浮いてる？」

そう、それは中国に来たばかりのときに感じた疎外感ととても似た感覚でした。

同じ言語で会話しているはずなのに、私は会話のキャッチボールが全くできませんでした。

「あの女の子とこないだデートしてさぁ」「●●先輩がキャバで16ショットしてさぁ」、

そんな会話が飛び交っていました。

「しょっとって何？　ピストル？」とそんなトンチンカンな質問をする私に、周りのみんなはきょとんとした顔をして「ゆなももう何年かしたら分かるよ」「でさー」と流して次の話題へ。

私が日本人のコミュニティーに入って気づいたのは、**日本人は表立って「あなたはお荷物です」とは言わない**ということです。空気で察させます。

そして、日本人と中国人の10代は遊び方がまるで違います。

中国人は親が厳しい家庭が多くて、学生のうちは恋愛しちゃいけないなんてルールをつくる家庭も少なくありません。日本人の家庭で、学生のうちに恋愛をしちゃいけないなんていうところは少ないと思います。

それにプラスして、家庭環境や言語の壁など、私は人より乗り越えなくてはならないハンデを負うことが多かったと思います。そこに時間を割いた分、普通の人が知っている普通のことに実はとても疎いです。パラリンピックの存在を知ったのも20代になってからです。

些細なことですが、こういった小さな違和感が1日に何個も起きていき、次第に私は自分がみんなと明らかに違うことを思い知らされました。

ある日、同級生の男の子が「顔のイメージで別のニックネームをつけるとしたら何?」という話をしていました。「ひなこは桜っぽいね!」とか、「はるかは『みずほ』っぽい!」と次々とイメージの名前をつけていって、私は自分の番が回ってくるのを楽しみにしていました。

「ゆなはー、メイメイ!」。当時の私は、そんなただの冗談でも、中国名のようなニックネームで「お前は俺らとは違う」とみんなの前で言われた気分になりました。今まで薄々感じていた疎外感を、現実として押しつけられたようでした。

自分のくだらないプライドを守るために、私はその日本人のコミュニティーから距離を置くことにしました。

ろこゆん
ルール

プライドって結構無駄だから捨てよう

社交場のお荷物

日本人のコミュニティーから距離を置いたものの、同じタイミングで私は日本人経営の居酒屋でバイトを始めます。前述の最初の彼氏と出会った職場です。そこには日本出身の日本人がたくさん働いていました。

奇しくも学校で嫌になった日本人以上に、職場の同僚や先輩はイケイケで髪の色も金、青、ピンクと、とにかく派手な人たちが多かったです。バイトとはいえど、職場は学校と違って勝手に距離を置くことはできないし、気持ちよくお仕事をするためにほどよいコミュニケーションを取らなければいけない環境です。

きっと学校で会ったら仲よくなることはないけど、同じ釜の飯を食べる仲間として、同僚にはとても優しくしてもらえて私は楽しくやっていました。

仲が深まるにつれてバイト外でもみんなと会うことが増えていきました。

みんなでカラオケに行ったある日のこと。私は音痴な上に、日本語の曲がさっぱり分かりません。中国語の重いラブソングの世界に浸かって生きてきた私には、湘南乃風の『睡蓮花』なんてアッパーなパリピソング、未知な世界でした。「ウーハイハイ！」とみんなが当たり前のように合いの手を入れているのが衝撃的すぎて、気づいたら逃げるようにカラオケを出て地面に座り込んでしまいました。

みんなの当たり前を私だけが知らない、それは12歳のときに感じた孤独と同じでした。それを18歳になってもまた感じるなんて振り出しに戻った気分で、惨めで、私のくだらないプライドが今度こそズタズタにされました。

私の様子がおかしいことに気づいて先輩のももちゃんが出てきてくれて、励ましてくれました。

「ももちゃん、ごめんなさい、みんなのノリが分からなくて悲しくて」と謝ると、

「大丈夫だよ！　ってか、ゆなちゃん夜遊びとかしないのほんと偉いと思う！　私は先輩に呼び出されたらすぐ行っちゃうから、自分を持ってるな〜って思う！」と返してくれました。ももちゃんの優しさに触れたと同時に、自分が社交の場のお荷物だということを思い知り、さらに激しく泣いた記憶があります。

転機

結局私が取れる選択肢はいつだって2つしかありません。

「やる」か「やらないか」。

日本語をしゃべるだけでは馴染めない、文化（歌や流行の話題、趣味嗜好全て）を1から100まで知らないと私はいつまで経っても「日本人」にはなれない。

泣く行為は、現状がつらいということを受け止めることだと思います。

今の自分だと日本人の輪に馴染めないという事実を苦しみながらも受け止められた私は、もう向かうところ敵なしです。

まずは、日本のバラエティーを見漁りました。

元彼も積極的に力になってくれて、バラエティーは手っ取り早く流行りのトピック、言葉の使い回し、話題に出てくる芸能人を知ることができるとてもいい媒体だと教えてくれました。

そして音楽も、カラオケでみんながよく歌う曲をメモして、帰宅してからコッソリ聴いていました。

『睡蓮花』の洗礼を受けた日から、いつか私もこなれた感じで合いの手を入れたい！なんかかっこいい！　と憧れていたので、合いの手も一人でひっそりと練習しました。

18歳の私はよく頭の中で、大事に思い合える架空の日本人の友達に大量に囲まれて、『睡蓮花』やＫＲＥＶＡの『イッサイガッサイ』を歌ってイェーイ！　と盛り上がっている場面を妄想しながらハワイの街を歩いていました。ちょっとキモかったかもしれません。

リベンジ『睡蓮花』

一人『睡蓮花』が様になってきた私は、実践の場を求めていました。

恥ずかしがり屋な私は、一度失敗したコミュニティーには、かなりの時間を置かないと変わった自分を見せられないのです。

そんなタイミングで出会ったのが純平です。

日本人としての自分を取り戻す最終段階に差しかかったところで純平と出会い、先述の通りたくさんの社交の場に2人で行くようになりました。

私はここぞとばかりに前日のバラエティーで芸人さんが使っていた言い回しをそのまま使い、練習していた『睡蓮花』がカラオケでかかったとき、さも「この曲私の青春ソングだよ？」という顔でみんなと盛り上がることに成功し、日本人の社交の場に躍り出ることができたのです！

今のままではダメだと気づいたのが18歳のとき。

自分を変えようと、日々の楽しい妄想が現実になることを心の糧にバラエティーや音楽を聴きまくった19歳。

気づいたら20歳の私は、社交のお荷物どころか、KAIWAの人気サーバーになることができて、友達も気づいたら増えていました。

純平、タクさん、ゆうやさん、ユイ、ひかる、ゆうじくん、あつし……。特に仲のよい友達が13人いるのですが、名前を挙げた7人、つまり半数以上は19歳〜20歳の2年間に出会っています。


頑張っていれば必ず大切な人たちに出会える。今悩んで壁にぶち当たっている人は私の言葉を信じてもう一踏ん張り、頑張ってほしいです。

頑張っている人に、運命は必ず微笑んでくれます。

切り開いた未来で、きっとあなたの見たかった景色が待っていることを私が約束します。

何者でもないと悩んでいるとき、転機を乗りこなせなくて落ち込んでいるときは、私も18歳のとき、妄想の中でまだ出会っていない「みんな」といつか『睡蓮花』を歌うことを楽しんでいたイタイ女の子だったことを思い出してください。

アイデンティティーを取り戻す

それからはYouTubeの姿通りの私ができ上がっていきました。

自分で言うのもあれですが、私はコミュ力があるし、3つの言葉もほぼネイティブレベルで話せます。

謙遜して、「そんな大したことないですよ〜！」とか言いますけど、あれは嘘です。これらはたくさん涙を流した先に、血の滲むような努力と、周りの仲間の励ましのおかげで得たものです。

私は二度と同じ理由で泣かなくていいように、努力をすることを諦めませんでした。

最初は自信なんてどこにもなかったし、祖国不明・両親不在、なんなら普通の人より背負っているハンデは多かったかもしれません。

でもそんな私でも**諦めなかったから、素敵な仲間と出会えたし、諦めない私だからみんな私を支えてくれているのだと思います。**

最初は怖くて躊躇していたSNS発信も、とても大切な人に背中を押してもらえて始めることができています。

結果、日本人にも中国人にもなれたわけですが、そんなことよりもその過程で出会えた仲間が今の私をつくり上げているような気がします。

努力した過程と愛情を注いでくれる仲間たちのおかげで、もうアイデンティティーで迷うことはなくなりました。

気づいたらたくさんの人に愛してもらえている。そんな自分になれたから、もう人種とかどうだっていいじゃんか。そう思えるようになったのです。

ろこゆん
ルール

最高の出会いは頑張った先にある。
だから「頑張る」を諦めない

コンプレックスや年齢に振り回されない

貧乳、最高！

日本に住むようになって街を歩いていたら、「バーキン買うなら豊胸しろ」という広告をラッピングしたタクシーを見かけて、「ありえなくね？」って写真を撮ったことがあります。同じお金をかけるなら、私は絶対、豊胸よりバーキンです。バーキンは価値が上がるので、浪費ではなく資産になります。

日本って、コンプレックスを刺激する商法で（怪しげな）美容施術が発達している国だと感じます。他人の目を気にしたり、他の人を妬んだりする人が増えてるのかな？　と思うこともあります。

私はYouTube界で1、2位を争うくらいの貧乳で、コメント欄にも「貧乳だね」「豊胸しないの？」「胸ちっちゃすぎない？」とか、よく書かれます。

でも、生まれ変わって貧乳と巨乳のどちらを選ぶかと聞かれても、私は貧乳を選びます。貧乳と巨乳のメリットとデメリットを考えたら、貧乳のメリットのほうが個人的には好きです。

貧乳だと、飲みの場でも笑いを取ることができます。バーベキューでまな板を探している人に、「私の使う?」って胸をグイッと見せると、100%笑いを取れます。着る服を選ばないし、スリムに見えるから貧乳最高だなって思います(負け惜しみじゃないよ)。肩も凝らないし、垂れないし、汗疹ができないし走りやすいし、いいことずくめです!

露出のススメ

日本に来て気になったのは、女の子たちが体のラインを隠すような服ばかり着ていることです。腹立ちますね。って、私の買いたい服が日本にないから、腹が立っているという個人的な文句なんですけど。

原宿で買い物していたら、かわいいニット生地のショートパンツを見つけて、「うわ! これかわいい、試着したい!」と思ったんです。私は日本であまり洋服を買わないから、買いたいって思ったのが久しぶりで、すごく嬉しくて。

店員さんが、「かわいいですよね」と接客してくれたのですが、「これってお尻のラインもすごい綺麗に隠れるんですよ」と言われて、「え!? 隠れちゃうんですか?」ってビックリして聞き返しました。「私、隠したいんじゃなくて、お尻のラインを出したいんですよね」と言ったら、店員さんは困っていました。

あなたが体のラインを隠すファッションが好きだったら、全然それでOKです。ボディーラインが見える服を買いたいというのは私の好みだから、隠したいならそれでいいと思います。

でも、**本当は肌を出したいのに出せない人はもったいないです。**「脚が太いって思われるんじゃないか」とか「胸が小さいから似合わない」とか、**周りの目を気にして諦めているんだったら、自分の着たい服を着てほしいです。**

痩せてるとか太ってるとかも関係ないです。**自分が着ていて楽しくて、気分を上げるためにファッションはある**って思うんです。

母も自分のスタイルに自信があって、20代後半までショーパンをはいていたのですが、30代になって、はかなくなっちゃったんですよ。「なんではかないの? お母さん、似合ってて、私好きだよ」って言ったら、「もう年取っちゃったし、あまり似合わなくなったから」って言われて。子どもの私から見てもスタイルは綺麗だったから、もったいないなって思ってました。

年相応って言葉もあまり好きじゃないです。

そのときの自分にこれが似合うって思って着るんだったら、それでいいと思うんです。でも「この年齢だとこれを着なきゃいけない」って決めつけるのは嫌なんです。

露出が大好きだった私も、最近は、ロングスカートにハマっています。大人の雰囲気に合ってるから、ロングスカートをはくのも楽しいなと思うようになりました。

ぜひ皆さんも、コンプレックスや年齢じゃなくて、自分の「好き」「楽しい」という気持ちを優先して考えてみてください。

ろこゆんルール

ファッションの判断軸は「自分の心が躍るかどうか」それだけでいい！

孤独の乗り越え方

自分で住む場所を選ぶ、初めての経験

東京・北京・ハワイといろんなところに住んできて、一見華やかな経歴を持っていますが、どれも私が望んだものではありません。ここまで読んだ皆さんには分かっていただけるかと思いますが、本当に親に振り回されただけなのです。

自分のアイデンティティーについて、20歳のときに決着をつけて、いつしか私は自分の足で立ってみたいなと望むようになりました。

高校卒業のタイミングで一度日本の大学へ進学することを検討したわけなのですが、大学を卒業した私はその当時以上にハワイから出たい！　という気持ちを募らせていました。

卒業旅行で行ったLAが思いの外楽しくて、みんなに「LA合うよ〜」と言われて、こんなオシャレな街と私って相性いいんだ！　嬉しい！　住んでみようかな！　と単純に思っていました。

LAに行くか、東京に帰るか。人生の大きな決断をするときに必ず東京という選択肢は浮かぶのですが、23歳の私はまた東京を選ぶことなくLAに行くことになります。理由はこれまたシンプルで、前述の通り、ダーツを一緒に投げていた先輩に秘書のお仕事を紹介してもらえたからです。

いずれはYouTube一本でやっていくつもりだったので、独立する前提ではありましたが、一度経験を積むのもいいかなぁと思って、私はその話に乗るんですね。そんな経緯で、私はステージをLAに移すことになります。

ハワイからLAへ向かう片道切符を買ったときの気持ち、住む立場として乗り込んだLA行きの機内から見た夜景、今でも昨日のことのように鮮明に覚えています。私が初めて自分で自分の住む場所を決めて実行に移したのは、24歳の5月でした。

ぼっちになったら、出会いをつくるしかない

秘書の仕事はリモートでした。これから会社を展開するという段階だったので、同僚もおらず、主に社長とやりとりするくらいでした。

今までは学校やバイト先に行けば、誰かと出会えていました。縁もゆかりもない土地で人間関係を一から開拓しなくてはいけない状況になったのは初めてで、孤独を味わいました。

学生のときはバイト、学校、バイト、飲み会、みたいに、1日に3〜4件くらい予定が入っていたのが当たり前だったのに、見る影もなくなった真っ白のスケジュール帳を眺めて途方に暮れていました。LA時代の初期は、家でボーッとしている時間が人生で一番長かったですね。ヨガや習い事に行けば先生と話すことはできたのですが、それ以外の予定は皆無に等しい状態でした。

でも、そこで腐るのも自分だし、頑張って人と出会うのも自分次第です。結局はやるかやらないかだということは今までの経験で学んでいるので、まずはバイトを始めることにしました。

秘書の仕事とYouTubeで、当時の年収は1000万円くらいありました。本当に**ただの出会い目的でバイトを始めた**のです。車を持っていなかったので、Uberで通勤。往復50ドルくらいしたので、バイト代の半分は交通費に消えていました。

バイト先は飲食店です。飲食店なら今までの経験則でできるから、そんなに精神的なエネルギーを使う必要がないのではないかと考えて選びました。

そこでお客様やスタッフと仲よくなって、いろんな人と知り合えました。自分で初めてコミュニティーを築き上げたんです。

私は最初ノースハリウッドに住んでいて、バイト先はソーテルというエリアだったので、通勤するのに山を1つ越えます。

帰り道はハワイより断然多い交通量のおかげで、車の海が道を照らしてキラキラして見えるんです。私は**「この見慣れない街並みが、見慣れた景色に変わっていく過程をここから思う存分楽しむんだ」**と心に決めました。

結果、LAではいろんなことを自分で掴み取って、自分で城を築き上げました。

LAを発つ夜はハワイから出た日より、胸が思いっきり締めつけられました。

自分で苦労して手に入れたものは重みが違う。そんなことを実感しました。

人間関係の輪を広げるときの鉄則

家にいたら誰とも出会えません。

転職、引っ越し、見知らぬ街や新しい環境で孤独を感じたとき、皆さんも出会いを求めてイベントに行ったりしますよね。

イベントに行くのに勇気が要るのって、「参加しても、友達ができなかったらどうしよう?」「全然話せなかったらどうしよう?」という不安があるからだと思います。

でも、その答えって明白で、「どうもならない」んですよ。友達がいない状態で行って、友達ができなくても、別に状況は変わってないから、**悪くなる可能性はゼロ**なんです。違うイベントに行けば、今度は友達ができるかもしれません。失うものがないなら、行ってみようよ、と思います。

イベントに行って一人でいるのを見られるのが恥ずかしい、という気持ちは痛いほど分かります。でも、多分みんなイベントに参加している最中に、そんなに他人に目を配る余裕はないと思います。

みんな、友達をつくるとか、イベントが純粋に楽しみだとか、それぞれの目的があると思いますが、一人ぼっちでいる人を見つけようっていう目的でイベントに行く人はいないですよね。もしいたとしても、「あいつ、ぼっちだ!」って笑うやつって、本当に性格ヤバいから、そういう人の意見は気にしなくて大丈夫です。

「当たって砕けろ」といいますが、「砕けろ」って言葉が強いから、みんな怖がっちゃうのかもしれません。上手くいかなくても、ゼロがゼロのまま終わるだけだから、何も失わないし、砕け散ることはないですよ。

出会いの場には「武装」していく

ベースの私は恥ずかしがり屋で小心者なので、一人でいるところを見られたくない気持ちは、自慢じゃないけど人一倍あります。友達いないやつだって思われたら嫌だな、とか。そんな見栄みたいなものは、当時の私にもありました。

でもそういうときは、自分の中でスンッスンッとして、「別に私、一人好きだし。何か?」という性格をインプットして、女優になったつもりで演じ切っていましたね。

大学ではインターナショナル・スチューデント・アソシエイトという、国際系の学生が集まって交流するイベントがありました。大学の大きいホールを貸し切ってゲームをやって、みんなで交流するイベントでした。

私も、そういう場に一人で行ったことがあります。白い女優帽、ターコイズとゴールドのチェーンがぶら下がったピアス。強さを演出するためにあえて黒い肩出しヘソ出しトップスを着て、ロコガールに大人気だったBrandy Melvilleの縦ストライプのパンツをはきました。金髪ショートヘアだったこともあって、恐らく、私を見て「こいつ一人でいるのをビビってるな」と思う人はいなかったでしょう。

そして、「私、一人でも怖くないわ。一人でもいいんだけど、みんな話しかけてきてもいいのよ」みたいなオーラを全開に出します。

他の人から見られたときに、「あの子、ぼっちじゃなくて一匹狼なんだ」と思われたほうが自分の気持ちがラクだったからです。

「今日は誰も話し相手がいねぇぞ、一人だぞ」という状況になっても、「私、今日、すごいかわいいハットかぶってる」って思ったら、気分が上がってきます。**ぼっちで始まってぼっちで終わっても、るんるんで帰れるセッティングを自分で行うべき**だと思います。

後から純平に、「そんな格好で行ったの？　本当に友達つくる気ある？」ってビックリされました。今考えたらもう少し柔らかい格好で行ったほうがよかったような気もしますが、気の持ちようなので、**そのときの自分に必要な「気持ち」をファッションでプラスすることはとてもおすすめです。**当時の私に必要だったのは強さでした。

出会いは意外なところに転がっているし、人間は意外な人と仲よくなれるから、いろんな場所に行ってみるもんだと思います。

これを読んでいるみんなが、素敵な出会いに恵まれますように。

ろこゆん
ルール

怖いときはファッションで心を武装する

自分らしく咲ける場所は自分でつくる

大きな決断をするときこそ、理性を使おう

心配の感情が前に出て自分を止めてしまっているのであれば、理性を逆手に使えばいいと思います。

多分、「理性的になって」っていうと、感情を押し殺すことだって考える人が多いと思いますが、私は逆です。理性で自分をプッシュしてきました。

秘書の仕事を辞めたのも、理性を突き動かした結果です。

辞める決断をするとき、私の素直な感情は「すごく怖い」でした。新卒で年収800万円もいただいていたのに、それを手放すのはすごく大きいことでした。独立して稼げる保証なんて、どこにもありません。「どうしよう、生活していけるのか？」「LAなんて物価めちゃくちゃ高いのに、私、やっていけるのか？」と不安もたくさんありました。

これは人間として持っていて当たり前の、負の感情です。人間は、特に女性は恐怖心が身を守る役割を果たすので、全く悪いことではないです。

そういうとき、いつも私は理性で恐怖心を殺してきました。

私の頭の中には、自分のしてきたことが並んでいる、エクセルのデータベースみたいなものがあります。

私、中国に行ってどうしたっけ？　↓人種差別を乗り越えました。

ハワイに移ってどうしたっけ？　↓英語を半年で覚えました。

人間関係はどうだったっけ？　↓最初はいじめられてたけど、どの国でも友達ができました。

そんなふうにファクトを確かめていくうちに、「あれ、私って大騒ぎする割に逆境を全部味方にしてるよね？」って気づくんです。理性の勝ちです。

機械的に今までのパターンと今回を当てはめると、私が独立して上手くいくのは明白でした。

逆境との付き合い方は昔より断然上手くなっている。25歳の自分なら尚更。

独立して上手くいかなかったら再就職すればいいだけの話。

今までの逆境が与えてくれた私のスキルは、私を守ってくれる盾に、欲しいものを

手に入れるための矛《ほこ》になってくれました。

だけど、もちろん気持ちで足りない部分もありました。

私の場合、社長に辞める旨を伝えるとき、親友のケントと電話をつなぎ、聞いていてもらいました。私の仲間は、窮地に立たされたとき必ず私の力になってくれます。

自分らしく咲ける場所を見つけよう

一番大事なのは自分という花を咲かせる正しい場所探しです。

有名なたとえですが、コーラ1本買うにしても、自販機で買うと180円、コンビニでは160円くらいなのに、サウナで買うコーラは200円くらいします。砂漠の真ん中で死にそうになっていて、コーラしかなかったら100万円でも1000万円でも払いますよね？

置かれた場所によってものの価値は変わってくるから、自分の置き方、置き場所を知るために、自分の持っているカードをちゃんと把握することが大事です。

私の場合は、トリリンガル、動画編集、ＳＮＳ運用、コミュニケーションスキルなどがあります。これらはファクトに基づくスキル（技術）のカードです。

他にも、自分の内面の感情に基づいたカードもあります。私の場合は、逆境を味方にする強さとか、好き嫌いがハッキリしているとか、強みのカードも、弱みのカードもあります。

持っているのがトリリンガルというカードだけだったら、通訳や外交官になればいい、という判断をすると思うのですが、そこに自分の感情のカードを加えると、選択は変わってきます。「いや、でも私って人に命令されるの嫌だから、向いてないよね」って。

秘書としては最低ですが、私は社長にタスクを言い渡されるのがとても嫌でした。社長本人は大好きだったのですが、とにかく他の人がお金を稼ぐための歯車になることに耐えられなかったのです。もしも安定とお金が好きという内面のカードを持っていたら、あのまま社長の秘書として日々駆け回っていたでしょう。

そこで、私はトリリンガルのスキルを使って、自分で仕事を生み出したほうが向いてるんじゃない？　と、方向が絞られていったのです。

勝負は持っている手札でしかできません。だったら自分の手札を知るのは一番大事なことだから、決断をするときは常にそこを意識しています。

私の場合、中国もハワイも、自分で選んだ場所ではありません。だから、自分がその場所でどうベストを尽くすのかを考えなきゃいけない環境にいたと思うのです。大変な目に遭えば遭うほど、新しい感情を味わうことになって、それが全て自分を知ることにつながっていきます。逆境のおかげで、自分の持っているカード、自分の強みや弱みを自然と分析できるようになったのかもしれません。

秘書という与えられた仕事では自分らしく咲けなくて、YouTubeで自分らしく咲ける場所を見つけました。**自分らしく咲ける場所は与えられるものじゃなくて、自分で見つけるか、自分でつくるしかないんじゃないかなって思います。**

たくさんの選択肢を知ることは、自分に合った咲き場所を見つけることにつながります。例えば、職業を消防士と警察官しか知らない人は、この2つからしか選べませんよね？　ですから、知見を広げ、可能性を知ることは大事です。そのためにも、情報が飛び交う飲み会に足を運ぶことを強くおすすめします。

自分の傷を応急処置しない

私はポジティブの押し売りをするのが好きではありません。私自身もどちらかというとポジティブですが、無理めのポジティブじゃなくて、**受け止めるポジティブ**です。無理めのポジティブっていうのは、ネガティブな気持ちを抑え込んで無理に明るく振る舞おうとする思考のことを指します。

「上司に理不尽なことを言われたけど、これも自分の成長のために必要だ!」とか、私は思いません。理不尽だって感じたら、よくも悪くも真正面から受け止めます。

私は、つらいことや理不尽なことがあったら、ちゃんと1回受け止めて、めっちゃ落ち込むんですよ。落ち込んで、家でワーッて泣いて。**ワーッと泣けば泣くほど、次の日には「じゃあ、どうすればいいんだろう」と解決する方向に気持ちを向けることができます。**

ポジティブを押しつける人って、私、あまり好きじゃないんですよね。

そういう人は傷に絆創膏を貼って、応急処置だけして「治りました」って言っているタイプだと思うんです。

私はいつも、消毒液で消毒して、「うわー、しみる、きつい」ってなりながら、ちゃんと根本的に治そうとするから、痛みを伴った自分改革をしている感じです。傷が治るまで時間がかかるから、悩みやすいけど、その分強くなって、人よりできることが増えたのだと思います。

過去の経験上、自分の弱いところや欠点って、応急処置してしまうと治らないから、根本的に治療することが大事です。このプロセスを踏むことで、自分のことを客観的に見られるようにもなると思います。

自分の感情と、とことん向き合う

皆さんにそろそろ「もうええて」と思われるのではないかと思うほど話しましたが、私は感情と理性は分けられると思っています。

「これやってるときって楽しいよね」というのも、理性だと思います。

「楽しい」自体は感情だけど、自分の真ん中の円に楽しいっていう感情があったとして、その円の一歩外から自分の感情を眺めて「自分はこれをやってるときは楽しいんだ」と同時進行で俯瞰している自分もいます。

日々、「私はこれをしているときにこういう気持ちになるのだ」ということをデータとして脳に保存しています。

日本に来る前に考えていた「日本に移住すれば、大好きな友達といつでも会えるから嬉しいはず」というのも、「事実」として理性的に理解をしました。そうすれば、すべき対処法や行動も具体的に見えてきます。

私は今まで育ってきた環境の影響で、自然と一歩引いて感情を眺めることができるようになったのですが、それが難しい人はノートか何かに感情を書き出してみるといいかもしれません。

嫌なことがあったら、何が起きたのかを書いてみてください。それから、どうして嫌だと思うのかを書き出していけば、嫌だった事例を照らし合わせて、自分はこう言われたら嫌なんだと傾向を見つけることができます。それが客観視につながります。

数日後にはそのときの感情とはまた違う感情になっているはずだから、「このとき、なんでこんなふうに思ったんだろう」と考えてみることをおすすめします。

それが感情を頭で理解することなのではないかと思います。

ろこゆんルール

理性と感情は車の両輪。2つはいつも一緒に動かす

いつまでも「悲劇のヒロイン」ではいられない

「可哀想」と同情に渇いていた

子どもって、親が心配してくれればしてくれるほど大きい声で泣くけど、一人でつまずいたときはケロッと立ち直っていませんか？

「可哀想」という言葉には中毒性があって、「可哀想だから許されるだろう」「他の人から見てもつらいなら、もっと泣いて慰めてもらおう」と、**能動的に動く力を奪う麻薬のような作用**があります。

中学校、高校のときの私は、間違いなく自分のことを可哀想だと思って、悲劇のヒロインぶっていました。

まぁ、私の場合は確かに可哀想だったのかなと大人になった今でも思いますが、**そんな「可哀想」な過去がその先の人生にまで悪影響を及ぼしていたら、それは根絶やしにするべき甘え**なのかなと思います。

特に恋愛面には大きな影響を与えたように感じます。元恋人たちに「父性」を求めていた側面があって、毎日「私のこと好き？」と聞いていました。

私は「私だけの椅子」を用意してくれている人に「好き」と言ってもらいたかったのです。

友達って何人もいることが多いですよね？　でも、両親は本来、母の椅子、父の椅子があって、唯一無二なはずです。でも、父と母にその椅子に座ってもらいたいという私の願いは、叶うことがない。

後天的に手に入る「私だけの椅子」は恋人という位置しかなかったので、与えられなかった分の愛情をそこからもらおうと思っていたのです。

自分のタイムラインを幸せなことで埋めていく

恋愛面については今年に入ってから気づいたことが多いのですが、それ以外の場面で悲劇のヒロイン思考から抜け出せたのは、幸せだと思えることが徐々に増えてきたからです。

バイトでがむしゃらに頑張って、徐々に人に認めてもらえるようになりました。

純平と知り合って友達がたくさんできてからは、みんなで遊ぶほうが忙しくなって、過去を振り返って私可哀想だったよねと思うことは徐々に少なくなりました。

ふとしたときに当時のことを思い出すと、あのときの私と今の私で抱えている過去はもちろん変わらないのに、今の私は自分のことを可哀想だとは思いません。

それは多分、**可哀想だった過去を全て自分の糧に塗り変えることができた**からだと思います。**大変だった時期を乗り越えたという実績が私の理性を大胆にさせるのです。**

そして、どんなに大変なことも、飲み会で話せば笑いのネタになるものです。

動けないときは動かなくていい

ただ、**今自分を可哀想だって思っている人は、思いきり浸ればいい**と思うんです。

今つらい思いをしている人に、「そこから抜け出せるように行動に移そう」と言っても、それができないからもがいているわけで。

動けないときって本当に動けないから、無理して動く必要はないです。

多分、浸り続けて気づくこともあるし、気づかなかったら、それはそれでいいんじゃないかな、とも思います。

現状を変えたいんだったら行動するしかないけど、そもそもどうしても現状を変える必要ってないと思うから。

前の項目で自分らしく咲ける場所は自分で見つけるか、つくるしかないって言いましたが、**置かれた場所で喜びを見つけて生きていくっていうのも、生き方としてアリです。**

「自分らしく」の定義なんて人によって違うから、私の生き方を参考にして、自分らしい生き方を見つけてもらえたら嬉しいです。

ろこゆん
ルール

人生にバックミラーは必要ない

第4章

現実はシビアでも夢を叶える

「大人の青春」が人生のテーマ

「仕事」は現代の戦《いくさ》

私にとって職場は戦場です。仕事とは現代の戦だと思っています。だから、言葉がきついかもしれませんが、女性が仕事で「女」を出すのは反則だと思っています。男女平等を声高らかに唱えている世の中だけど、私が考える本当の意味での男女平等について、少しお話しさせてください。

男性は女性の代わりに出産はできないし、重い荷物があったら男性に持ってもらおう！　という発想になりますよね？　男女は持って生まれた「役割」が違うと私は思います。一方、社会で活躍したい女性の機会を奪うのは言語道断です。

私は、**女の武器を使わず、男性と同じ条件（体力・精神力）で力を発揮する女性になる**ことを個人的なポリシーとしています。

仕事中に泣く男性を私は見たことがありません。逆は、たくさんあります。

もちろん、家に帰って泣いたりするのは勝手です。むしろ泣いたほうがいいと思います。でも、**「女性が泣いたら強く言えなくなるから、許されやすい」と武器のように使うのはルール違反**だと思うのです。

未熟だった20歳のときを最後に、私は職場では絶対泣かないと心に誓っています。

「女」を仕事に持ち込まない

ある日、以前までKAIWAで働いていた、みんながざわつくほど仕事ができるタイ人の女性が戻ってきました。彼女は先輩スタッフみんなの〝母〟みたいな位置づけでした。

ある日の営業中、混んでくるとキッチンの料理を提供するタイミングにもラグが発生するので、私はホール主任として、いつも通り、混み始める10分前にスタッフへ「料理のタイミング気をつけてね！」と言って回りました。それはもちろん彼女にもです。

すると、気遣いから生まれたはずの言葉が、彼女には「この大学生バイトは私より後に入ったのに、私に指示をした！　私のことをなめてる！」という捉え方をされてしまったのです。

仕事中にもかかわらず、他のスタッフに私のことを悪く言い始めて、同僚のみんなはとても困惑しているようでした。

シフトが終わって、賄いをいただいているときも、レックは私に腹を立てて号泣していました。周りのスタッフは、彼女の機嫌を損ねないよう曖昧な対応をとっていました。

唯一キッチンのタクさんがこの状況を見兼ねて私の肩を持ってくれました。タクさんは5歳年上の先輩で、トトロみたいな見た目をした職場のムードメーカーです。

その後、ジェネラルマネージャーも「ゆなは悪くないよ」と言ってくれて、他のマネージャーがお店で一番高い日本酒を持ってきてくれて、みんなで乾杯をしながら和解しました。日本酒を飲んでいる最中、「正しい」だけでは仕事をやっていけない理不尽さを感じ、やるせない思いで私も泣いてしまいました。

歳を重ねるごとに大半の人はプライドが高くなっていきます。これはほぼ自然の摂理です。今回彼女を泣かせてしまったのは、彼女のプライドへの配慮が足りなかった私の過失です。

その日の帰り、夜中の1時に、アラワイ運河をタクさんと2人、シェアサイクルで走り抜けました。日中は年中暑いハワイですが、夜は風が涼しくてとても気持ちよかったです。

調子に乗りやすい私はスピードを出して転んでしまい、サンダルを片方なくしました。けれど、悔しい思いをした夜、大好きなタクさんが味方でいてくれたことが何よりも嬉しかったので、そんなことはどうだってよかったのです。

仕事の涙

泣く人を否定するわけではありません。

そして、私は少し思想が強いということを念頭において「ふーん」という気持ちでこれからの文章を読んでいただきたいです。

一部の女性は涙を最終兵器だと思っているようで、仕事中に泣くことを「泣いてやった」と表現する知人もいました。ですが、泣いた過去の私にも例外なく思うのですが、**状況をなだめないといけない周りは、多かれ少なかれ「面倒くさいな」という気持ちを抱く**と思うのです。

仕事の世界に限った話ですが、誰かの世話を受けたり、守られる立場になったりするのは、「弱い」ことなのだと私は思います。戦場では、泣いても敵には許してもらえません。

守ることは厭《いと》いません。現に今、私は守りたい大切な部下が3人います。ですが、私の性格的に職場で守られる立場にいることは不本意でした。

女性でも男性と同じくらい職場で活躍したいという声をよく聞く昨今なのに、職場で泣いたりするのはいつだって女性のほう。私は自分が男性と同じくらい活躍したいと願うのであれば、基礎条件（個人の得意不得意ではなく）を男性と同等のものにしないと男性にもフェアじゃないと思いました。だって、もらうお給料は同じだったりしますよね。

ちなみに、職場で男性と同じくらい活躍したい！　という願望がない女性は泣いていいと思います。

弱いことは悪いことではありません。先ほど言いましたが、人には役割があって、弱い人がいるから強い人がいるのです。強い人の役割は守ることなので、守らせてください。

そういった思いのもと、**仕事の涙は家で流すもの**だと私は思うようになりました。

ワーク＝ライフ

「仕事メガネ」をかけさせられている人がとても多いと感じます。仕事だからっていうメガネをかけて仕事をしているから、ノルマとか、きつい営業とかも「やらなきゃ」ってなって、他のことが目に入らなくなる。それって、いろんな大切なことを見落としていると思うんです。

仕事の本質とは、何か目標があって、誰かのために何かをして、その代わりに報酬をいただくということで、「誰かの役に立つ」という目標が全ての仕事に共通していると思っています。それを仲間と一緒に達成するのが「仕事」じゃないですか？

ワーク＝ライフ。これは「人生を仕事で染めた社畜になろう！」という意味ではありません。仕事と人生を切り離して考えている人が多いようだけど、私は**この2つの境界線っていい意味で曖昧でいいのではないか**という考えなのです。

仕事の喜びが人生の喜びと直結したら、それってとてもお得なことじゃないかな？と思います。私のマネージャーのアビは、前の会社で働いていたときは、仕事が終わったらさっさと帰っていました。でも、今は自分の仕事が終わっても、「もうちょっといる」と言って帰りたがらないときがあるんですね。もう月曜日が憂鬱じゃないし、みんなで集まって仕事して目標を達成することを楽しんでくれているようです。

りゅうきというＬＡで出会った後輩もインターンとして入ってくれていて、「ゆなちゃんに心臓を捧げます」と言ってくれました。

私は人の神輿を担ぎたいと思わなかったけれど、人のために力を発揮したいという人もいて、世の中は需要と供給が合っているのですね。

経営者として自分の神輿を担いでいる今、正直、プレッシャーやストレスは今までの2倍あります。けれど、守りたい従業員の生活や、見せてあげたい景色があるから、昔の3倍頑張れています。

部活動に勤しむとき、練習を「やらされてる」と感じることってあまりないですよね。目標をみんなと達成してやる！　と、大変なことも含めて青春だったと思います。

仕事は金銭が発生するし、他社さんとの関わりもあって複雑に見えるかもしれませんが、本質ではやっていることはあの頃と一切変わらないと思います。

私たちはYouTubeというエンタメの世界で、観てくれているみんなを楽しませたい。その「目標」を達成するために、これからも日々楽しく（ここ大事）お仕事をさせてもらいます。

学生のノリで仕事して、何が悪いの？

よく、「学生気分が抜けていない」「学生のノリで仕事しちゃいかん」とか言うじゃないですか。そんなことを言う人には、「いけない理由を合理的に説明しろ！」と声を大にして言いたいです。

もちろん、相応のお金をもらったのなら、その分、やるべきことをしなければいけないし、責任を持たなければいけません。

でも、学生ノリが「ヘラヘラ楽しみながら」という意味なら、そんな気持ちを持ちながら仕事できるってこんな最高なことありますか？

「自分の『好き』を仕事にしちゃいけない」とか言う大人もいるけど、それは過去に夢を諦めてしまった自分に言っているんじゃないかと思うんです。そんな人たちの言うことに耳を傾ける必要なんてありません。**いつまでも学生気分で楽しく仕事できることを「目標」として頑張るべきです。**

「楽しい」は背中を押す一番のモチベーションです。

いつどんなときも私は職場に行くのが嫌だと思ったことはありません。

ＫＡＩＷＡのときだって、同僚のみんなとヘラヘラしながら、食事に来たお客様の時間を特別なものにできるよう勤しんでいました。今はYouTubeで視聴者さんに日々の息抜きを提供できたらと思っています。

先ほど「戦」なんて強い言葉を使いましたが、その覚悟と「楽しい」は両立するものだと私は思うのです。どの業界にも競合がある以上、社会的な責任感を持つ意味でも、戦いであるという意識を捨ててはいけませんが、その根底には「楽しい」があるべきです。

仲間と一緒に楽しく「仕事」という名の戦場で戦う、そして誰かを喜ばせる。

これが大人になっても青春を続ける最強のレシピです。

ろこゆん
ルール

青春を一生続けられるかは自分次第

夢を追いかける楽しさを教えてくれた親友

愛すべきおバカキャラ

私が3人目の親友に出会ったのは22歳のときです。

ケントとはハワイ大学を卒業する間近、純平が主催したパーティーで出会いました。みんなでテキーラをラッパ飲みして泥酔していたのですが、人見知りのケントはお酒が入ったタイミングでようやく盛り上がってきて。上手く表現できないのですが、何か特別なものをケントに感じて、その日のうちに翌日の予定を聞いて、次のアポを取りつけました。

ケントも自然と自分の人生の一部になりました。最近思うのですが、大人になった今でも仲のいい人は「仲よくならずにはいられなかった人」だと思うんです。

ケントは身長が184㎝もあって、大きく横に張った耳とバキバキに鍛えた筋肉が特徴のイケメンです。余談なのですが、純平とケントと私は全員耳が横に大きく張っているので、運命だねぇ〜なんて盛り上がってキャッキャしたことがあります。

ケントは人生を筋トレに全振りしているので、他がとても乏しいです。例えば、「海辺で決戦だ！」を「海辺で決算だ！」と言ってしまったり、私がたまに出演させていただいているAbema Prime（アベプラ）をアメプラと言ったり、ピラティスをティラピスと2年間くらい言い続けたりしています。

そんなケントですが、いざというときには必ず助けてくれて、優しくて素直で面白くて、そして何よりも夢の見方を教えてくれた、私の人生において絶対欠かせない大切な人です。

命を削って体を絞る

ケントは大学時代からフィットネスに夢中でした。モテたくて筋トレを始めたら、ハマっていったとのことです。

アマチュアのフィットネスの大会に1回出たことがあって、優勝した経験があるそうです。さらなる高みを目指して、スポーツモデルという全身の造形美を競う部門で優勝して「スポーツモデル界の顔になる」というのが出会いたてのケントの夢でした。

大学の期末テストと大会が重なったときには、トレーニングの時間を確保するために、テスト勉強を諦めて、テストに出席すらしませんでした。

留年なんかより、大会で勝つことを最優先に考える。出会って6年目なのですが、ケントの芯はブレたことがありません。それが彼のかっこよさです。

当時、私たちの周りにいる子たちって、経済的に苦しくて夢見るどころじゃない子か、裕福な日本人の留学生が多かったから、「そんな夢、無理じゃね？　大人しく就職しなよ」という反応をされることが多かったのです。

これからSNSの世界で頑張っていこうという時期に私はケントと出会って、私たちは当時の自分たちの実力では鼻で笑われるような大きな夢を、バカ真面目に語れる戦友となりました。

目標に対して私と同じくらい闘志を燃やして頑張っている人は、当時、身近にはケントしかいませんでした。だから、叶うことを疑わずに、夢に向かってひたすら走り続けて、吐くくらい（比喩的表現ではなく実際吐くことがあるそうです）追い込む過酷な筋トレと、ストイックな食事制限をするケントの姿は、駆け出しの私の背中を押してくれました。

芋や鶏肉、ときには魚のティラピア（これに引っ張られてピラティスをティラピスと言っていたのだと思います）ばかり食べながら、自分の体を実験台に、どうしたらもっと筋肉が張った質感になるのか、筋肉量をキープしながら脂肪をカットするにはどうすればいいいか、日々研究を重ねていました。

減量期は摂取カロリーに激しい制限が設けられるので、階段も上れないくらい体力が低下します。3～4カ月も減量が続くと、好きな食べ物も当然我慢。心身ともにかなりのストレスを感じるであろう中で、それでも見たい景色と掴みたい夢があるからと諦めないケントの背中は、今でも私の憧れです。

「夢の見方」を忘れない

ワイキキビーチで夜空を見上げながら、ケントと「お互い、絶対に夢を叶えようね」なんて語り合ったことがあります。

就活を目前にして、多くの人が一斉に夢を見ることを諦めますよね。**現実も夢も人為的につくられたものでしかないのに、どうして「現実」がいつも勝ってしまうのだろう**、と私は不思議に思います。

よくも悪くもケントと私はずっと「ガキ」です。

大人になるってなんなんだろう？　それは、公務員になって生活を安定させること？　誰かがつくり上げた「現実」を知ること？　それは、自分が見たかった「夢」を手放すことなの？　だったら私はずっとガキでいいです。

2人の夢が重なる

ケントは「ＮＡＢＢＡ（ナバ）」という、スポーツモデルにとって最高峰の大会に出場して今年で4年目になります。

私と純平は、毎回会場に応援に行っています。

最初は最下位から始まって、次の年は11位、その次は4位と、出るたびに順位を上げていって、諦めずにチャレンジし続けて、とうとう２０２３年に2位になれたんです。

そのときは1位だった選手と本当に超接戦で、どっちが1位か決める比較審査で何回も2人が呼ばれて、最終的に別の人が1位になったとき、私は世界が崩れる音を聞きました。

本当は悔しいのに、応援に来てくれたみんなの前では泣くまいと涙を堪えるケントの気持ちが痛いほど伝わってきて、本人以上に泣きました。私が代わりに泣いてあげたいと思ったんです。そう思うくらいには、ケントの夢に感情移入していました。

ケントはその日を境に、1位を取る理由が変わったと言っていました。自分が優勝したいからではなく、1位を取っている姿を応援してくれている仲間に見せたい、自分だけの1位がみんなのための1位になったのです。**人が自分のためだけに頑張るのは、限界があるのかもしれません。**フィットネスの大会は個人競技のイメージを持たれることが多いような気がしますが、チームプレーの一面もあるんですね。

私たち応援する側だって、いかに自分たちが応援している選手に一番熱い声援を送ることができるかを競っています。私は、普段は迷惑だと言われるくらいの自慢の声量で、いつも声が枯れるまで声援を送ります。

「俺が1位取ったら、ゆなにメダルをかけたいから、会場に出て待ち合わせようね」
「分かった、信じて待ってる」
私たちはそんな約束をしています。

実はこの本の執筆をしている次の日に、ケントの大会が控えています。今の私にはまだ結果が分かりませんが、きっとケントから私の首に1位のメダルがかけられていることを信じています。

と、第1稿で書かせていただいたのですが、無事私の首には金メダルがかけられました！

大会に出場する際に、選手は筋肉を際立たせるために体を黒くカラーリングするのですが、金メダルをかけてもらった後、私はケントのカラーリングに構うことなくケントとハグを交わしました。

私の右頬はカラーリングがべったりついて真っ黒です。そのシーンを撮影されて、ケントにリールとしてInstagramに無許可で載せられ、約600万回再生を叩き出して、周りはみんな大爆笑していました。なんて幸せな空間だったんだろう。

ケントはいつも、大会後の私が泣いてるところを無許可で載せるのですが、そうした動画が20万回再生を切ったことはありません。嬉しいけれど、今度から出演料をもらおうかな（笑）。

私たちには各々の夢の他に、テレビや雑誌のような媒体で、2人で一緒に共演するという夢もあります。ケントとなら、どんなに大きい夢だって描く勇気が湧いてきます。

私たちはいつだって、1人ではなく、2人で夢を見ているから、どこまでも強くなれるのです。

一日二日で叶うような目標なら、それは他の人も同じ日数で叶えられます。大変な道だからこそ、歩む価値があると思います。今夢を追いかけているみんなを、私たちは応援しています。夢を叶えるコツは、誰よりもガキでいること、勝つまでやり続けること。勝つまでやり続ければ、絶対勝てます。

子どもはゲームで負けると拗《す》ねますよね？　聞き分けなんてよくなくていいんです。

いつまでもガキでいましょう。

ろこゆん
ルール

**自分が見た「夢」を、
誰かがつくった「現実」に奪われない**

自分が愛していることで「てっぺん」を取る！

1位になるまでやり続ける

ＫＡＩＷＡでポイント１００点を取ろうとしていたのは、なんだかんだＫＡＩＷＡが大好きだったからです。

賢いお金の稼ぎ方は絶対他にあったと思います。もっと仕事がラクなお店はたくさんあったし、ワイキキには一晩でＫＡＩＷＡの倍稼げるお店もありました。

でも、私はＫＡＩＷＡで結果を残したかったんです。それは、ＫＡＩＷＡにはただの仕事以上の愛があったからです。

恋愛でも、愛している相手のためなら、なんだってできる気になりますよね？　そういう意味では、私はＫＡＩＷＡを愛していました。

１位を取るのって簡単じゃないと思うかもしれませんが、私にとっては簡単です。

だって、**1位になるまでやり続ければいい**だけだから。

ただ、大学で成績1位になりたいとも、就活でGAFAなどの人気のある企業に入りたいとも思いませんでした。そこで、私がてっぺんにこだわるときとそうでないときの差は「愛があるかどうか」だと気づいたのです。

YouTubeのことは愛していたので、LAに行くまでにハワイでYouTubeの登録者数1位になってからこの地を出ようと決めました。

今では3時間あれば素材40分の動画のカット・BGM・効果音まで完成させることができますが、始めたての頃は3分の動画を11時間かけて編集していました。

それでも、YouTubeに対する思いが強かったので、バイトや秘書の仕事と並行して週3回投稿をほぼ毎週行いました。

外で遊ぶ方が好きなので、YouTubeを始める前はヒカルさんとヒカキンさんの違いが分からないくらいYouTubeの知識がゼロだったのですが、YouTubeを始めて数カ月の頃、言語について扱った動画を機に、一気に登録者数1万人を達成することができました。運もよかったのか1年で3万人もの方にチャンネル登録をしてもらえました。ハワイ在住の日本人YouTuberさんは多くはありませんでしたが、無事、当時のハワイ内で一番登録者数の多い状態でLAに旅立つことができました。

自信がつけば怖いものはなくなる

3年半働いた後、大好きだったKAIWAが閉店することになって、人生で一番号泣しました。母に家を追い出されたときよりも、ずっと悲しかったですね。

その後、居酒屋でバイトをしたのですが、そこのマネージャーがモラハラ・パワハラに足を生やしたみたいな人でした。

ドリンクや料理を運んでいるのに執拗に追いかけてきて、「ゆなちゃん、まじでありえないから」「その考えはゆなちゃん人間として終わってるよ」と文句を言ってきます。「今仕事中なんで邪魔しないでもらってもいいですか？　話は後でゆっくり聞くので」と毅然とした対応をして、仕事後に、過去に起きた出来事を具体的に並べて主張したら最終的に謝っていただけました。

凛としていればリスペクトしてもらえる、これは人間関係全般にいえることなのかもしれません。

ゆるぎない実力をつけるしかない

そのときモラハラ上司に臆せず戦えたのは、自分に自信があったからです。ＫＡＩＷＡで１００点を取った実績があるから、その居酒屋での仕事がなくなっても、別のお店に行けばいいだけだと考えました。

ハワイは広くないから、人の評判はすぐに伝わります。自分に実力さえあれば拾ってくれる会社は絶対あるはずなので、強気で戦えました。

毅然としていれば、相手はすぐに尻尾を巻いてしまうものなんです。

だから、**理不尽なことを言ってくる相手には立ち向かうこともときにはいいと思います。正論をただぶつけるのではなく、正論に優しい言葉を交えて（「毎日忙しそうだからしょうがないと思いますけど」などと気遣いの言葉を入れながら、表情もしっかりつくりこむ）相手が引ける状況にしてあげるのも大事です。**極端な話、責めるのではなく理屈で懐柔するイメージです。

そのためには実力をつける必要があります。どこでも通用するユニバーサルなスキルがあれば、話し合いが失敗しても後があります。後があると、人間は話し合いで強気に出られます。

最終目的によっては違うかもしれませんが、職場の大抵のトラブルは有無を言わせない実力と実績、転職先に困らない人脈で解決することができます。

簡単に手に入るものは簡単になくなる

実力をつける目的は、「選ぶ立場」になるためです。

選ぶ立場になれたら、いくらでも選ばれるようになるし、人生の主導権を握れます。どんな小さな分野でもいいから、自分の好きなことで1位を取ることができたら、きっと自信がつきます。それを積み重ねることで、実力がついていきます。

実力をつけるには、もちろん時間がかかります。

でも、短期間で手に入れられるものなんて、その分の価値しかないと思います。短期で勝って得たものなんて、短期で壊れます。すぐに身につけられるスキルや能力は、他の人も簡単に真似できるから、差別化が難しいと思います。

人生は長期戦です。

長い時間をかけて身につけたことは、自分を守る最強の盾になってくれます。

私も日本語、中国語、英語、YouTube、全て泥臭く努力を継続した先に得ることができました。

私の弟のような後輩で、今一緒に働いているりゅうきのお話を少しさせてください。彼は就職活動を一切していないのですが、私を含めて4社の社長から「うちで働かないか？」とオファーをもらっています。

私が彼を気に入った点は、彼の賢さ、知識量の多さ、行動力、好奇心です。

彼はアメリカに留学をしにきたとき、最初は日本人と一切遊ばず、24時間アメリカ人と一緒にいる環境に身を置いて英語を身につけました（英語が話せるようになってからは日本人とも遊んでいます）。卒業後、私の会社に正式入社することを決めてくれたりゅうきは、すぐにTikTokのアカウントをつくって運用のテストを始めました。思いつきでアプリをつくっていたこともあります。なにより「なんで私の知り合いの社長さんのことをあなたも知ってるの？」と驚くほどの社交性の高さも持ち合わせています。

これらは全て、短期で身につくものではありません。彼はパニック障害で摂食障害になった経験もあって、「苦しい」をしっかり味わったことがあります。

それらを乗り越えた結果、苦しい経験をする人も多い就活というステージで、りゅうきは選べる立場になりました。

変な話、私の会社じゃなくても引く手あまたなのです。逆に私みたいに起業したての、泥船になる可能性だってある船によく乗ってくれたなぁと感謝しています。

選ぶ立場になったら、いくらでも選ばれるようになりますし、人生で主導権を握れるのはこういう人です。

時間がかかってもそういう自分になるのか、ラクな道を選んで「人から選ばれない」自分になるか、その2つしかないんだから、みんな自由に選べばいいんです。

ろこゆんルール

選ばれる自分より、選ぶ人になる

ヒップホップなお金の稼ぎ方をしたい

「儲かればいい」はヒップホップじゃない

私が仕事を引き受けるかどうかの基準は、それがヒップホップかどうか、です。「ヒップホップじゃない」というのは独自の概念なので、この後の話でなんとなくイメージを感じ取ってください。

「その稼ぎ方、ヒップホップじゃなくね？」と思う仕事はどんなにお金がもらえてもやりません。

私にとってのお金とは、欲まみれのイメージというより、**欲しいものと交換するための、自分の可能性を広げるためのツール**っていう感じです。

私がいるインフルエンサーやクリエイターの世界は、稼ごうと思えばいろんな稼ぎ方ができるんです。

例えばアフィリエイト広告は、インフルエンサーがブログやSNSで、「この洗顔料ってめちゃくちゃ肌が綺麗になるんだよ」とか、「このまつ毛美容液、まつげ伸びますよ」とPRして、インフルエンサーが発行したURL経由で契約すると、その件数によってお金がいただけるという仕組みです。

実際に高品質な物・サービスであれば、それを広めるのはとても素晴らしいことだと思うのですが、中には疑惑のある商品も多くあります。

私の知り合いのマーケティング会社の社長は、インフルエンサーに依頼する側でありながら、アフィリエイトでの稼ぎ方に疑問を持っていました。「これって、ライスワークであってライフワークではないよな」と言っていたのです。もう生活するためだけにやる仕事、みたいな意味です。

実際、本当にその商品を試用してからPRしているインフルエンサーって、本当に一握りらしいんです。

もちろん、影響力のあるアカウントをつくるまではとても大変だったと思うので、そこは純粋にリスペクトします。ただ、本心でいいと思っていない商品を紹介して稼いだお金で買ったブランドバッグって、誇れるものなのかな？　と、面倒くさい美学を持つ私としては疑問に思ってしまうんですよね。

私は勝つのが大好きだけど、仕事においては勝ち方にもこだわりたいタイプです。

私の視聴者さんは私が正直でいることを分かってくれていると思うし、そういうところが好きと言ってくれるのでこのスタンスは貫こうと思います。

今の自分にしかできないお金の使い方がある

もし、今やりたいことがあってもお金がないからできないと思っているなら、月並みだけど、貯めるかお金を稼ぐしかないと思います。

何か大きなものを手にいれるために、犠牲は必ず必要だと思います。それは、プライベートを楽しむ時間だったり、先行き不透明な経済状況によって失う心の安寧だったり、十人十色です。

犠牲にすることが人より多かったような気がする私の人生ですが、経験則上、**苦しい思いをしてよかったと思うことが100%です。**

人の手のひらは本当に小さくて、一定のものしか抱えることができないんですね。でも入れ替えることはできます。**夢を追いかける最中のお金がない苦しい期間も、それは夢を叶えるためにした立派な取捨選択なのです。**

自分が幸せになるためにお金を使う

例えば、今の自分と70歳になったときの自分の100万円の重みは、全然違いますよね。今のほうが若くてできることが多いし、やりたいことも多いだろうから、100万円の価値が重いと思うんです。

今は20代、30代の人でも「老後が不安だから」と、老後の資金を貯め始める人が多いと聞きます。でも、お金は銀行に預けている間は単なる紙切れだから、本当の意味での財産ではないと思うんです。それを何かに変えるときに、初めてお金って効果を発揮するのではないでしょうか。

だから、**皆さんには、貯金をするだけではなく、自分への投資として積極的に使ってほしいなと思います。**その投資によって、もっと稼げる自分になるかもしれません。

将来のために今お金を節約するより、**今しかできないことにお金を使うほうが、将来、数十倍、数百倍になって返ってくる**と思うんですね。

私、飲み会のために20万円を使ったことがあるんです。

私は思い出づくりのためだったら、いくらでもお金をかけていいという考え方です。

日本に移住する前、LAから日本に遊びに来ていたときに、ハワイ在住の仲よしの友達も来るという話を聞きました。

ハワイには頻繁に帰れているわけではなかったから、その友達と会える機会はそんなにありませんでした。私が滞在を延ばしたら会えるということが分かって、私は迷わず延泊することにしました。

航空券を一度買い直して、ホテルも取り直さなければいけなくて、それで合計20万円くらいしました。でも、その友達との飲み会はとても楽しかったし、友達とも久しぶりに会えたし、使ってよかったとしか思えません。

それが生きたお金の使い方だと思います。


ちなみに、私も毎日、お金の心配はしています。

社員の子たちに給料を払わなければいけないし、自分のお金のリテラシーが高くなってくるにつれ、「円ってヤバいのかな」ということも感じています。

ただ、それも自分と社員を幸せにするためにお金が必要だから、心配してるんですね。**やっぱりお金は、自分が幸せになるために使うべきです。**

ろこゆん
ルール

今の自分を幸せにできるお金の使い方を考えよう

日本と中国、アメリカでのサバイバル術

日本は「みんなと同じ」になればやっていける

ここまで、日本で生まれ育ち、中国に移住して、ハワイに移り住み、LAに行って日本に戻ってきた私の27年間を紹介してきました。

私なりに、それぞれの国でどのようにサバイバルすればいいのか、考えてみました。皆さんが海外に留学するときや旅行するときの参考にしてみてください。

日本に来て、同世代の子たちを見ていると、**国や、「大人」の都合がいいように洗脳済みなんだな**と思うときがあります。

みんな同じような話をして、同じような思考回路をしていて、瞳に光がなくて。社会人になりたてのときのほうが輝いているように思います。社会に出てから濁っていくんだろうな、と。

東京のカフェは席と席との間が狭いから、隣の会話が結構聞こえてくるのですが、女性が恋愛かコスメか自己肯定感の話をしているのをよく耳にします。

「自分の低い自己肯定感をどうしたら上げられる？」というテーマなら建設的で素晴らしいと思うのですが、「あいつ、自己肯定感めっちゃ高くね？　ヤバくね？」という誰も幸せにならない話でした。

たまたまその週で3回も「自己肯定感」という言葉を聞いたものだから、勝手に少し嫌な気持ちになりました。**自分のことを肯定しないで、誰が自分を肯定するの？**と不思議にも思いました。

日本は戦う気力が削がれる国なのかもしれません。

会社で働いていると、たくさんルールがあって、最初は意味ないんじゃないか？と思っていたものでも、戦ってまで変えようとする人はあまりいないですよね。

自分が異端者だとか、少数派だとかになるのを怖がって、そうなるくらいなら我慢しようと、自分の心を玉ねぎの皮のように毎日1枚ずつ削って生活していると思うんです。

意味をなさないルールに従うたびに、自分の思考する力を1つ奪われて、20代後半くらいになると全部削られて、無事、また一人、人の顔をしたロボットが生まれるような感覚があります。それがいいか悪いかは、ないと思いますが。

今まで戦い方を指導するような教育を受けてきてないから、そうなるんだろうと思います。日本では暗記中心の、正しい答えを出して点数を取るテストが主流ですよね。「正解!」と言われることに安心感を得る癖ができたみんなは、そりゃあ考えて独自の人生のレシピを編み出そうなんて思わないです。

だからこそ、今の平和で清潔な日本社会があるのだと思いますが、私は皆さんに**「ルールや建前をそこまで気にする必要はないよ」**と伝えたいです。

サバイバルの前提を、その国で波風立てずにピースに暮らすという意味で考えると、**日本では息を潜めて規則に従って生きることが一番のサバイバル術**だと感じます。

そもそも日本は、私が暮らした3つの国の中だとサバイバルするハードルは一番低いと思います。

治安もよく、そんなに危ないこともありません。みんなが思い浮かべる身近なリスキーなことは独立などかと思うのですが、実は起業もそこまでリスクがあるわけではありません。

まず、そもそも日本は助成金がたくさん出ます。個人で起業する場合、申請をすれば国から補助金が出ますし、外国人起業家向けの補助金もあります。

お金を借りるときも、利息が低いから、リスクを感じることはあまりありません。

そして、日本の胡散くさい方たちは他の国と比べると分かりやすいです。ペテン師みたいな日本人の経営者も見てきましたが、中国とアメリカのほうが圧倒的に詐欺師の数は多いです。日本は誠実で真面目な方が圧倒的多数なので、**ビジネスをしやすくて、リスクを小さくできる国**だと思います。

これは知らない方も多いかもしれませんが、**世界のIQ（知能指数）ランキングだと、2024年に日本は1位を取っているんですよ。**それもこの1回限りではありません。2024年の日本の平均IQは112・30で、世界平均を大きく上回っています。2位はハンガリーで、アジアでは、3位が台湾、5位が韓国。学力が高いといわれているフィンランドは8位、アメリカなんて77位です。

本当はとても賢いはずなのに、教育と社会にそのポテンシャルを奪われたような気がする日本。サバイバルする方法はルールに従うことだと思いますが、私は挑戦する人全員の味方でありたいと思っています。

アメリカでは自分で自分の身を守らなければいけない

私はLAでは、最初にノースハリウッドというエリアに住んで、その後、ダウンタウンに引っ越しました。

ノースハリウッドは郊外で、東京でいうと吉祥寺や三鷹みたいな感じです。ダウンサーやアーティストが大勢住んでいました。ダウンタウンは新宿や渋谷みたいな都心で、交通の便がとてもよく、若者やアジア系の人もたくさん住んでいました。

街には無人のタクシーが走っていて、ハイテクでした。アメリカはフランクな人が多いから、タクシーに乗ると話しかけてくる運転手さんが多いのです。無人タクシーなら何も話さずに乗っていられるから、若者には好評でした。

アメリカは貧富の差がとても激しい国です。自分の身を自分で守らないといけない。この言葉の深刻さは、想像を絶するものだと思います。**ドラッグが蔓延**していて、街ではおかしくなった人が叫び回っている光景が当たり前になっています。

また、アメリカには、州によって13歳未満は一人で登下校させてはいけない、といった決まりがあり、親が送り迎えしています。アメリカの中ではかなり治安のいいハワイでも、私が一人で登下校を始めたのは中学生からです。

日本だと、小学生でもみんな自分で学校に行って一人で帰ったりしますよね。そんな危ないことができるのは、私の知る範囲で日本くらいです。

それに、自分や周りの人が今日、**銃撃に遭って死ぬ可能性**もあります。

だから、常に物理的なリスクと隣り合わせの国です。私もＬＡに住んでいたときは事件に巻き込まれないように気をつけて生活をしていました。特にアジア人は狙われることが多いので、治安の悪い地域には近づかないようにしていました。

アメリカは**物価も税金もすごく高い**です。

私が住んでいたＬＡの部屋も、アメリカだからすごく広いんですけど、１Ｋで月に２０００ドルくらい（当時30万円程度）しました。ルームシェアをするのは当たり前で、独身の人でしたら30代でも友達と暮らす人もいたくらいです。

給料が年々上がっているというのは本当ですが、それ以上の勢いでインフレが起きているので、カツカツの生活を強いられている人がとても多いのがリアルです。

税金も決して安いわけではありません。給料のおよそ30%は税金で消えます。

日本も年々税金や社会保障費が上がっていますが、例えばどこに行っても道路は舗装されていますよね。アメリカの道はガタガタで、税金はどこに使われているんだ？と憤る気持ちはアメリカで生活しているほうが強いかもしれません。

実際、アメリカで納めた税金で一番使われているのは国防や戦争です。そんなことよりやるべきことがあるだろう、というのがアメリカに住む人々の本音です。

それに、**アメリカでは医療をちゃんと受けられません。**アメリカの医療ドラマを観ていると、「貧しい人にも医療を受けさせるために奔走するドクター」がよく出てきますが、それがドラマのテーマになるくらい、誰もが気軽に診療を受けられる国ではないのです。

だから、日本でちょっと具合が悪くなっただけで病院に行くという話を聞くと、軽いカルチャーショックを受けます。

私はアメリカにいた頃10年くらい健康診断を受けなかった時期もありました（真似しないでね）。病院に行かなかったというより、行けなかったのが実情です。病院はどこも人手不足で、全然予約が取れないんです。「今高熱が出ているから診てもらいたいです」は基本通用しません。空きは1カ月後とかになります。

そして、病院で診てもらっても大抵はたらい回しにされます。

まず、最初に診察した病院で、「この病気は、私たちでは治せないから、あの病院に行って」と言われます。でも、その病院に行っても予約でいっぱいで、なかなか診てもらえません。ハワイは小さな島だから人手不足なのかと思っていましたが、ＬＡも同じだったから驚きました。

アメリカの医療は本当によく分かりません。日本はその点、最高です。

詐欺や事故も多いのですが、治安が悪すぎて警察が忙しすぎるので、小さい事件では、まず動いてもらえません。

私も歩道を渡っているときに左折しようとした車とぶつかって大怪我をしたことがあるのですが、警察に話しても何もしてくれませんでした。

とにかく、**アメリカでは自分で知識をつけて、自分でお金を稼げるようになって、自分の足で立たないとサバイバルするのは難しいです。**

日本で挑戦するリスクが低いのは、挑戦する人が少なくて競合が少ないから、というのも理由の一つにあると思います。

一方、**アメリカは世界中から優秀な人が集まってくるので、修羅の国です。**優秀な人がいくらでもいるから、その中を勝ち抜いてナンバーワンになるハードルはかなりのものです。
だから、アメリカで生活をした経験がある人は大抵他の国でも生きていけます。サバイバル力は鍛えられるので、その変化を楽しみに、留学や移住にチャレンジしてほしいなと思います。

中国は自由度ゼロの国

中国は、他の国と同様に「サバイブ」の論点でお話しするのは難しいなと感じてしまうくらい、変わった国です。

政治や国の規則が変わることがとても多いんですね。政治が不安定な国で生活するのは、情緒不安定な上司のもとで働くのと同じ感覚です。

父は中国で輸出業や不動産、ホテル経営をしていたのですが、お店を全て畳んでしまいました。コロナ禍でホテル産業や不動産は大打撃を食らって、「もう中国で事業をやるのってスマートじゃないな」と思ったらしいです。

よって、中国でサバイブするというお話は難しいのですが、あえて言うとしたら**勉強がめちゃくちゃできるか、親が政治家などの権力者だと生活はしやすいです。**

海外に行ったほうが展望があるので、お金持ちは結構海外に子どもを留学させています。

そんな環境で生活しているということもあって、詐欺まがいの稼ぎ方をする人も多いと聞きます。日本人が誠実だというのはアジアでは特によく知られているので、標的にされることも多いそうです。


また、中国は広い国なので、貧富の差が激しくて、ハワイの中学校で出会った中国人の中には、戸籍を持たずに生まれた子や、病院に行けなくてそのまま実家で生まれた子もいました。

中学校は福建省から来た子が多かったのですが、ある日、「ハワイまでどうやって来たの？」って聞いたら、「え？　船以外に何かあんの？　バカじゃないの？」って逆に言われました。

つまり、密航船で中国から脱出してきたということです。父親がお金をたくさん借りて、密航業者にお金を払い、家族で船に乗り込み、数日かけてアメリカに来て、難民申請を出す、という流れのようです。無事ハワイについても、借金を背負ってマイナスからのスタートになるので、生活は相当苦しいみたいでした。そこまでしてでも中国から脱出したい人がいるのです。

香港や広東から来る子は正規ルートでの移住者がほとんどでしたが、**地域によって**

そこまで貧富の差があるのが中国という国です。

ただ、**中国人のハッキリしているところが、私はすごく好きです。**思ったことを堂々と言うので、傷ついたり、「余計なお世話だよ」と言いたくなったりする場面もあるのですが、一緒にいて気持ちいい人たちです。

様々な側面をお話ししましたが、それでも、中国は留学に行くぶんには胸を張っておすすめしたいです。

私が住んでいた北京は文化が豊かです。歴史的建造物があって、下町の感じも情緒豊かだし、ご飯もおいしいし、ああいう特殊な政治の国に行くことはすごくいい経験になると思うんです。

私のおじが、中国政府の悪口を街中で言って捕まったことがあるくらいなので、言論の自由はありません。でも、**言論の自由が当たり前ではないと知ることだって、めったにできない体験です。**

既存の環境と差異があればあるほど、人の視野は広がります。アメリカみたいな先進国に行くことだけが視野を広げることではないと思います。

どんな国もホームにできる

私が住んでいたのは3カ国ですが、文化も歴史も政治も思想も何もかも違うので、馴染むには時間がかかりました。
ただ、住んでいるうちに、どの国も私の「ホーム」になりました。
せっかく住むのなら、私はその国とその国で暮らす人を愛して、自分の居場所をつくって、その経験を自分の糧にしたいです。

居場所は用意されているものではなく、自分でつくるもの。そう思えば、その国との関わり方が劇的に変わるはずです。

ろこゆん
ルール

どの国に行っても自分次第でホームにできる

第5章

トリリンガールの「外国語カジュアル学習法」

外国語ができると、世界が客観視できる

もしも新しい外国語を覚えるとしたら

もし、私が一からスペイン語を覚えるとします。それって、すごく楽しみだと思います。うわー、ワクワクしますね！

私はシンプルに、話せる言語が増えるってカッコよくね？　と思うので、新しい外国語を学ぶ機会があったとしたら、とても嬉しいです。

新しい外国語を覚えると、それだけたくさんの可能性が広がります。私、これ以上イケてるギャルになってどうすんの？　って胸が躍ります。

まずは、皆さんに外国語を学ぶことの魅力を説明させてもらいますね。

同じ検索条件でも、国によって書いてあることは違う！

ネットの情報は、国によって書いてある内容が本当に全然違います。**物事を多角的に見ることができると、視野が広がって客観視につながります。**

１９８９年に起きた天安門事件について、日本やアメリカでは普通に報道されていますが、中国ではネットで検索しても出てきません。国が隠しているから、そんな大規模な衝突があったことを知らない若者も大勢います。国外に出て、初めて天安門事件について知る中国人も珍しくないのです。

でも、それは中国だけのことではなく、日本にもアメリカにも、国内向けに発信する情報を操作している部分があります。

どこの国でも国内事情についてはフィルターをかけたり、知られたくないことを隠したりする傾向があります。でも他国に関してはお構いなしなので、事実をそのまま書けます。自国と他国で記載が大きく異なるものだと、日本だと真珠湾事件、アメリカだと戦争にどれくらい関与しているかなどが挙げられます。

だから、それぞれの国で流れている情報を知ると、共通点もあれば全然違うこともあって、「ああ、世界って意外とこうなんだ」と俯瞰できて面白いです。

外国語ができると世界の見え方が変わると思います。外国語を学んで、違う文化や外の世界を知るということは、世界だけではなく、自分自身を知ることにもつながると思います。人が何かを理解したり気づいたりするときは、外の世界と比べて見つけることが多いからです。

自分を守る術が増える

最近、円安のことを調べようと思って日本語のサイトをいくつか見たのですが、このまま円安が進んで1ドル200円まで到達するという意見は見当たりませんでした。5割くらいの人がほどほどのところで円高に振れて、120～150円の間に収まるんじゃないかという見方をしていました。

でも、英語のサイトを見ると、少なくとも170～180円までは余裕で行くと思う、200円もあり得るという意見が結構あったりします。希望的観測も含めて、やっぱり人間ってバイアスがかかっちゃうのね、と思います。

私たちが生きる現代社会は、日々怒涛の勢いで変化を遂げています。いつ、何が起きてもおかしくありません。希望的観測だけで物事を見ると、最悪な事態が起きたときに自分の身を守ることができません。そういうとき、**他の国で流れている情報を同時に知り、出てくる情報を感情抜きの「情報」として受け取って、対策を練ったり心の準備をしたりすることで、危機的な状況に対して備えることができます。**

それだけ自分を守る術が増えるのかな、と私は思っています。

国によって価値観は違う

外国語を学んで習得するメリットってなんでしょう？

いろんな人と出会えて、いろんな外国人としゃべる機会が増えて、コミュニケーションを取れる人が増える、というメリットは、多言語話者が口を揃えて言います。

どうしてわざわざ外国人としゃべることが必要なのか？　というところまで踏み込んで考えたときに、私なりにたどりついた答えの一つとして、**「物事に対する自分の受け皿が広がる」**というのがあります。

私は、これまでに中国人、日本人、アメリカ人、アメリカに住んでいる他の人種の人たちと出会って、たくさん会話をしてきました。そこで思うのが、**自分の「なんでもいいよ」が増えると、この世界は呼吸しやすくなる**、ということです。

例えば、中国ではラーメンをすすって食べるのはマナー違反なので、麺をすする音は一緒に食事をしている人が不快に感じます。でも日本だとラーメンはすすって食べるものだから、誰もなんとも思いません。

していることは同じでも、国や地域によって、周りの捉え方は変わります。たくさんの国の慣習や価値観を知ることによって、人のマナーにうるさくなくなります。マナーは人為的につくられたルールで、守る＝相手にも守ってほしいというエゴが生まれるから疲れやすくなるんです。

私はいろんな文化背景を持っている人と関わってきたので、人の食事作法が自分と違っても「そういうものなんだ」と思います。一見、器がでかいなんて思われるかもしれませんが、心の底からなんでもいいんです。他人のマナーに目くじら立てるよりも、ストレスが減ってとても快適です。

いろんな人と話すと生きやすくなる

私が、日本人だから、中国人だから、アメリカ人だからというカテゴライズが好きじゃないのも、**人種で気安く一括りにできるほど人は薄っぺらくない**ということを知ってしまったからです。

私はアンチコメントもあまり気にならないです。「ブス」とか外見に対する誹謗中傷も、別に私を見てブスと思う価値観の人だっているのは当たり前だから、「なんでもいい」んです。

日本では細い女性のほうがモテるというのがメジャーな考え方としてあると思うのですが、中にはいわゆる「デブ専」だっているし、同じ国で生まれて同じ教育を受けた人間でも、こうも性的趣向が変わるんです。違う国ならなおさらです。

いろんな人と話す機会があると、**人の考えることや、持っている価値観は本当にコントロールできないもので、環境や受けた教育によって全然違う**ということを体感できます。

そうなると、なんだか小さいことが気にならなくなるんですね。気になったところで全員を納得させることは無理なのだから。

だから、視野を広げるためにも、いろんな人と話す機会が増えると生きやすくなると思います。ちょっと大げさな言い方になっちゃうかもしれませんが、**自分の人生が変わること、自分の可能性が広がることが外国語を学ぶメリット**といってもいいかな、と思います。

ろこゆんルール

外国語を学ぶと自分も世界も変わる

外国語を学ぶ上で大切な心構え

外国語の習得は長期戦！　できない自分を責めないで

これまでお話ししてきたように、私は10歳でハワイに移り住んでから、しばらくは英語がほとんど話せませんでした。

よく「子どものときに移住したら自然に言葉を覚えるでしょ？」と言われるのですが、10歳というのは実は微妙な年齢で、意識して外国語の勉強をしないと、話せるようにはならないんです。

私の周りにも、ティーンエイジャーになってからアメリカに住んだ友達で、英語が上手くしゃべれない人はたくさんいます。外国語を習得するのは正直、大変です。

これから外国語の習得方法をお話しするのですが、物事を学ぶときの根底の考え方は実は全て一緒です。言語の学び方！　といった限定的なメソッドではなく、ユニバーサルな「物事の学び方」なので、言語習得はしないよ！　という人にも参考になることがあれば嬉しいです。

最初に、**外国語の習得は長期戦**です。1日とか1週間でできることではありません。できないのが普通だから、**できない自分を責めないであげることがすごく大事です。**最速でも1年単位とかで見て、どれだけ成長したかを測るべきものだから、勉強を始めたばかりの3〜4カ月なんて、自分がどれだけできるようになったのかなって考えることすらしなくていいと思います。長期戦ですから。

間違えるのが恥ずかしい、バカにされるのが怖いという壁にも、みんなぶつかります。実際、それでしゃべれなくなる人もいます。

でも、**学ぶ過程で間違えることは正解を言い当てるより大事です。**テストで間違えて、先生に間違いを指摘してもらって正解にたどりつくように、間違えて誰かに訂正してもらって覚えていくほうが早いです。**言語は間違えてナンボ**、です。

生活している国の言葉が話せないと、対話をする相手側も少なからずフラストレーションを抱えるのは事実です。だから優しくしてもらえるのは当たり前ではないです。

ですが、差別的な態度を取ったりバカにしたりする人は、努力を全くしたことのない人間です。断言します。

第二言語を一所懸命学習するなんて難しいことにチャレンジしている人は、それだけで尊敬に値します。努力をバカにする人とは仲よくなる価値がないので、そんな相手の言葉に一喜一憂するなんてもったいないです。せっかく自分の世界がもっと楽しくなる可能性を自ら広げようとしている最中だから、外野の批判は無視して、精いっぱい楽しんでほしいです！

悔しい思いと紐づいた言葉は忘れない

既にお気づきかもしれませんが、私はとにかくじっとしていられない質《たち》で、座学が苦手です。実践、大失敗、恥をかく、という過程を繰り返して覚えるタイプです。「失敗をポジティブに捉えよう」と言う人は多いですが、そんな言葉一つでポジティブに変換できたら最初から苦労しませんよね。

では、ここではポジティブに捉えることができる「可能性」について詳しく話していきたいと思います。

悔しい、悲しいなどのネガティブな感情は、実は嬉しい、幸せなどのポジティブな感情より色濃く心に残るんです。

ですから、失敗して笑われた学習事項は絶対忘れません。

私も、「日本語の『る』の発音がおかしい」「1千円じゃなくて千円だよ」などと指摘されて、恥ずかしい気持ちになった経験を、10年以上経った今でも覚えています。

この悔しい、恥ずかしい気持ちが頑張るモチベーションになります。

指摘されて悔しい思いをしたら、「このフレーズは一生忘れないし、絶対自分のものになる」と思えばいいのです。

これは、今何かを学ぼうとしている全ての人に届いてほしい言葉です。

ハワイにいた頃、hurricane（ハァーリケイン）という言葉を知らなかったのですが、それが「ハリケーンのことだ！」と分かったときには「わお、ハリケーンなら知ってる！　hurricane ってハリケーンのことだったんだ！」と感動したのをよく覚えています。

驚きやプラスの感情も、思い出に紐づいていると、記憶に残りやすくなります。

たくさん喜んで、悔しがって、言葉を覚えていきましょう。

7割くらいでOK

勉強するとき、**「全力で」「完璧に」やろうとすると絶対に続かないのでNGです。**

真面目な人ほど、分からない単語は全部辞書で調べて、単語帳に書いて暗記しようとしますが、全部覚えるのはとても効率が悪いです。

もちろん、単語を調べるのが趣味というなら止めません。最初はよく出てくる日常単語とあまり見ない単語の区別すらつかないと思うので、日常会話レベルのボキャブラリーを増やすまではやってもいいと思います。

何事にもいえることですが、長く続けることが最も大事です。

ですので、ここで考えるべきは、12時間の勉強を1カ月続ける方法ではなく30分の勉強を1年続ける方法です。

それは苦にならないことだと思います。苦しいと続きません。だから**苦しむまでやらないことが重要です。**

70点を目指して、30分くらい勉強したら「よっしゃ、今日も頑張ったし、取っておいたポテチ食べるか」というくらいの心持ちで続けましょう。

知らない単語を全部、ストイックに覚えようなんて、絶対に無理です。多分、1カ月も持たないと思います。

大事なのは、全力でやるんじゃなくて、長く続けることです。最初からキチッキチッとやろうとすると挫折してしまうので、そこは緩く構えて、やろうと決めたことの7割くらいできたら、自分を褒めてあげてください。

雰囲気で大丈夫、雰囲気が大事

言語は雰囲気です。

どれだけ文法とか構文のルールを知っているかじゃなくて、**「なんとなく」で理解することが一番大事です。**文法が頭に入っていても、いざ実践するときにそれを使えなかったら、何の意味もありません。

日本語を話すとき、皆さん「えーと、ここでは現在進行形かな、過去完了進行形かな」なんて意識しないですよね？　英語でも、「ここではaかな、theかな」って迷っているうちに、会話に入れなくなっちゃいますよ。

相手の話を全部は理解できなくても、1つか2つ単語を拾えたら、なんとなく雰囲気で「あ、こういうことを言ってるのかな」と推測できます。

じゃあどうしたら推測できるようになるかというと、とにかく**場数を踏む**ことです。

たくさん間違えてでも英語を使ってみる、たくさん正しい英語を聞く。

ぶっちゃけ、単語は調べなくても触れていればなんとなく意味が分かるようになります。例えば、「apply」という単語。申請や申し込み、当てはめる、応用という意味なのですが、使う場面って限られてきますよね。

「そういえば家の申請をするときも身分証明書を申請するときも、みんなやたらapplyって言うなあ、こういう意味なのかな?」と脳が勝手に情報を整理して答えを導き出してくれます。

事実、私は単語帳をつくっていた時期は1カ月もないです。人間の脳は、とにかく触れまくると自然と理解できるようになっています。脳みその上手い使い方を心得ることが大事です。

楽しく学ぶのが一番

長く楽しみながらやる、が学習の鉄則です。だから私はそういう意味でも暗記や文法から入ることはあまりおすすめしません。

前述のように、たくさん触れることがとにかく大事かつ楽しいと思うから、外国語の音楽を聴いたり、バラエティー番組を見たり、YouTubeの動画を見たり、本を読んだりすることから入るのがおすすめです。長期戦だから、つまらないと続かないし、モチベーションも下がります。

外国語って聞くと、ゼロから頑張って覚えないといけないと思いがちです。でもね、皆さん、既にゼロじゃないんですよ。英単語だったらめちゃくちゃ知っています。「今日、ホテルのビュッフェでランチしてきました。ともちゃんのハッピーオーラですごく癒やされました。また会いたいね。ラブ」

インスタなどでよく見る文章ですが、この中には「ホテル」「ビュッフェ」「ランチ」「ハッピー」「オーラ」「ラブ」と6つも英単語が入っています。

カタカナ英語だけだと実践では使えないですが、関連性があると物事は覚えやすいので、これに実際の英語の発音と意味（微妙に違うときがあります）を紐づける作業をすれば、知っている単語量は自分が思っている以上に多いです。

目的がないと本気になれない

日本の学校へ通った皆さんは、少なくとも中学校、高校で6年間英語の授業を受けていますよね。本当は、6年間は1つの言語を習得するのに十分な期間です。大人になって英語が話せないのは、実践する場面がなかったからじゃないかと思います。

将来的に、英語を使ってどうするかというビジョンが描けてないうちはガチになれないのは当たり前です。その上、目的もなく、学校で「やらされてる」感があるうちは、英語は上手くなりません。

結婚と一緒ですよね。相手と一緒の未来が描けなかったらマジにならないし、そこまで一所懸命考えられません。

自分の中で「英語でこういうことがしたい」という目的がなかったら、長く記憶に残らないのは当然です。何度も言いますが**語学は目的ではなくツールです。**語学が目的になっているうちは、本気になれないです。

だから、**目的がないうちは語学の勉強なんてしなくていいと思うし、勉強するなら目的をハッキリつくったほうがいいです。**

例えば、英語が使えるようになったら、翻訳機なしで海外旅行に行くとか、海外でビジネスをするとか、論文やビジネスメールが書けるようになりたい、留学や旅行先で現地の人と交流したい、彼氏、彼女をつくりたいなど、いろいろあると思います。外国語を使っている自分を本気でイメージすると、語学は「勉強」ではなく、目標達成のためのツールに変わります。

ネイティブ並みになる必要はない

立てた目標のほとんどは、ネイティブレベルにならずとも達成できます。ですから、１００％できるようにならないと！　と気負う必要はありません。

そもそも英語は、同じアメリカでもLAとハワイでは話し方が若干違います。アメリカとイギリスでも違うし、英語を第二言語とするネイティブじゃない人はごまんといるし、それぞれの訛りというかバリエーションが豊かな言語なので、ネイティブ並みの発音や話し方にこだわる必要はありません。

言語を意思疎通ができるレベルまで勉強すること自体がすごいことなのです。

ろこゆん
ルール

外国語はコミュニケーションの道具。目的ではない

ろこゆん流、語学の勉強の仕方

最初は文字から

例えば私が、スペイン語のように、全く新しい言語を覚えるとしたら、まず何から入るか？　最初はやはり、文字を覚えなければいけません。当たり前ですが。文字が分からないと先へ進まないから、文字をバーッと見て、こういうふうに読むんだ、こんなふうに書くんだ、みたいな**文字の形や組み合わせを理解します。**韓国語だったら、最初はハングル文字の勉強からです。日本語だったらひらがなの50音ですね。

最近の英語系アプリはかなり優秀なので、覚えるときには頼ってみるのも手だと思います。**私なら、とにかくネットで文字一覧を調べて、ひたすら書いて覚えますね。**

音楽でパーツを集める

次は、**覚えたい言語の音楽を聴きます。**

スペイン語の場合は、文字を勉強しながら、同時進行で自分が好きなジャンルのスペイン語の曲を聴きます。曲と一緒に、ネットでスペイン語の歌詞と、日本語など知っている言語の訳を見ます。

この曲の歌詞の意味は大体こんな感じかな、というのを母国語で理解してから、同じ曲を何回も繰り返し聴きます。

一曲の歌詞の中に、単語が100~200個あるとしたら、これで1000~2000個くらいの単語力が鍛えられたことになります。この時点では、完璧に理解できなくていいし、辞書で調べなくても大丈夫です。ハードル、一気に下がったと思いませんか？　これを10曲やるくらいだったら、たいしたことないですよね。毎日、通勤のときに10曲聴いて歌詞を見る。それを1~2カ月続けたら、多分こういう意味なんだろうってざっくり理解した単語の数が、1000~2000個になります。

歌詞の意味は理解しているから、あとは脳みそが勝手にこの単語は多分こういう意味だろうと照らし合わせて、覚えてくれます。私なら、そうやって、とりあえず言葉、単語っていう言語のパーツを集めることから始めると思います。

この方法がいいのは、自然に歌詞を口ずさめるようになるところです。毎日聴いているうちに、リフレインのようなフレーズはすぐ覚えられるので、なんとなく歌えるようになると思います。

だから、1カ月もあれば歌詞の中の単語たちは、耳で聴いて覚えるのと同時進行で発音できるようになっているはずなんです。

最初の1カ月くらいで、スペイン語の曲を聴いて、1000~2000くらいの単語を聴いて覚えたら、ある程度リスニングと発音ができるようになっているはずです。

片言でOK！　単語をつなぎ合わせて意思疎通

最初の目標は意思疎通なので、曲を聴いて覚えた単語を並べてしゃべってみたら、なんとなくでも意思疎通はできるようになります。

「ご飯を食べたい」と伝えたいとき、「ご飯、食べる」でも、「食べる、ご飯」でも意味は通じますよね。「ご飯」も「食べる」も発音できないと伝わらないけど、発音さえできれば「この人はご飯が食べたいんだろうな」のような感じで伝わります。

最初の目標はこれで無事達成です！

片言をたくさん繰り返して、できる片言を増やしていけばどんどん伝えられる意思の数が増えていきます。俯瞰してみると、これは自分の引き出しを増やしている段階です。焦らず、今の自分を膨らませることをイメージして頑張ってみてください。

この時点の文法はハッキリ言ってめちゃくちゃになっていると思うのですが、単語の土台ができていると、「この知識はこれとリンクしてるんだ！」とつなげやすくなります。自分の中にリンク先を持つ意味でも、単語を学んでから文法を修正したほうが、頭に入りやすくスピーディーです。

歌から人が実際にしゃべっている媒体へ、レベルアップ

次はセンテンスをつくれるようになりたいので、文法を攻めます。

勉強法は、とにかくバラエティー番組などで生身の人間が発するセンテンスを聞いて、それを丸ごと真似て自分でも言ってみる、を繰り返すことです。並行して超基礎的な文法を本などで読むとベストです。

このとき、少しは単語が理解できている状態なので、文の意味は「なんとなく」で推測できるはずです。

文法は、センテンスを繰り返していくうちに、パターンが見えてきて、応用が効く

ようになります。そもそも文法は法則が決まっているものですからね。

ここまで、最短でおよそ3カ月くらいはかかると思います。

人と話してみる

言葉を早く上達するためには、たくさんしゃべるのがめちゃくちゃ大事です。耳から聞いて口から出すだけ。内容や文法なんてどうでもいいんです。

外国語がなかなか上達しない人って、そもそもそんなにしゃべらないから、というのが大きいと思います。

行き詰まったときは、アプリに頼るのもいいと思います。

私の場合、アプリでネイティブのスペイン人と実際にしゃべってみます。相手は指導料をもらっていることが多いと思いますから、変なスペイン語をしゃべっても笑われたりしないし、片言でも理解しようとしてくれると思います。

これには2~3カ月くらいかけてほしいです。

言葉は、対人でしゃべらないと絶対に上手くならないです。だから、どうにかして、人と話せる環境をつくってほしいです。

異国の知らない人としゃべるのは楽しいし、いっぱいアウトプットできるし、相手の言葉の使い方も勉強できると思うから、言語は確実に身についていくと思います。

ゼロから土台をつくるのが一番大変

音楽を聴く、バラエティー番組を観る、本を読む、という基礎的なことを何カ月かやって、現地の人との会話を実践していけば、そこからは言語は勝手に伸びていくと思います。

ここまでで大体、半年くらい経っている計算になります。多分これで、ある程度、意思疎通できるくらいには仕上がっているのではないかと思います。あとは、目的に合わせて、少しずつブラッシュアップしていけば大丈夫です。

私みたいに座学が苦手な人には特にこの方法がおすすめです。

ゼロから1をつくるのはなんでも苦しさが伴います。ですがその過程に少しでも楽しさを感じられるように工夫をして、長く続けること。これが一番の秘訣です。

ろこゆん
ルール

失敗しない人は一人前になれない！　失敗を喜ぼう！

習得した言語を忘れないためのコツ

忘れないために音読は必須

言葉は、しばらく使っていないと、あっという間に忘れてしまいます。頑張って勉強して、たくさんしゃべっているうちは、どんどん上達します。でも、環境が変わって話す機会が減ってくると、今度は覚えた言葉を忘れないようにしなくてはなりません。

私は今、日本で生活をしているので、英語と中国語を維持できるようにいろんな工夫をしています。私はとにかく負けず嫌いで、英語と中国語をしゃべる機会が減ったからといって下手になるのは絶対嫌なのです。

最近は、**ネットでニュースなどの記事を読むときに、日々触れる日本語ではなく、あえて英語や中国語で読んでいます。**

読むだけではなく、**声に出して読み上げています。**中国語と英語をしゃべっているときの口と舌の動かし方が鈍らないようにするためです。

日本語と比べると、英語や中国語は口を大きく動かさないと発音できません。日本語は唇を動かすだけで、割と綺麗に発音できるのですが、英語も中国語も顎を大きく動かしてしゃべる言語です。口の動きが全然違います。

日本語だけを話していると、英語や中国語の発音に必要な顎の筋肉が衰えていくんです。だから、音読をして顎の筋肉を鍛える時間をつくるように意識しています。

それに、音読すると耳で覚えられます。言語学の道に終わりはありません。

分からない単語は全てを調べなくてもいい

ネットの記事の中に知らない言葉が出てきて気になったときは、辞書で調べてみます。そうすると新しい単語が覚えられるので単語力が上がります。

もちろん、先ほどお伝えしたように、学び始めの段階で分からない単語を全部調べようとするとキリがないので、全部を調べる必要はありません。

私もよくやるのですが、記事全体を読んで何が書かれているかを大体理解すれば、前後の文脈から分からない単語の意味が推測できるので、大まかな内容が分かります。

これは Context clue という方法です。英単語は合計で100万個以上あるといわれています。ネイティブスピーカーでも知らない単語がたくさんありますから、推測しながら読むのが普通です。知識の保管は辞書に任せて、私たちは脳みその容量を他に使いましょう。

雰囲気と「なんとなく」で英語を理解する、これが一番大事です。

耳を鍛える、本物を知る

言語をある程度習得できたら、発音にも注意していきたいですよね。

私は中国語とか英語の正しい発音が耳に残っているから、自分の発音が変だとか、今日は自分の口が回らないなというときは大体分かります。ニュースを声に出して読んでいるうちに、発音を修正すべきポイントが見つかるので、私は最近、意識してやっています。

発音矯正には、音声を聞きながらそれを真似して復唱する練習法、「シャドーイング」をするといいのですが、最初からニュースで行うのはかなりハードルが高いので、初心者の人には歌をおすすめします。

歌を聴いて、歌う、を繰り返します。

歌を録音して実際の音源と比べると、自分の発音がよくないところに気づけるようになるので、発音はだいぶ綺麗になると思います。

とにかく聴く回数を増やして、まずは耳を鍛え、実際の発音を矯正する、の順番で行うといいです。耳を鍛えること＝本物を知ることですから、自分で自分の間違いに気づきやすくなります。

自分で自分の間違いに気づける人は最強です。そんな自分になれるよう、まずは学びたい言語をシャワーのように浴びて本物を知ろうというのが私のやり方です。

ろこゆんルール

本物を知って間違いに気づける自分になる

その国や人を好きになる

言語を極めるということ

言語の熟練度が単に言葉を知るだけでは測れないというのは、私はこれまでの経験で実感してきたことです。

私はとにかく負けず嫌いなので、話せる言語は全てほぼネイティブレベルにしないと気が済みませんでしたが、その必要はありません。

それでは何をもって熟練度を測るのかというと、私は**「何かを説明できる、もしくはエピソードトークができるようになって、かつ笑いを取れたらかなり熟練度が高い」**といえると思っています。

そのためには、言語の背景にある文化や流行りを知らないといけません。言葉は生き物だから、常に変化しています。最新の動きをチェックする必要があるんですね。

例えば、「ヤバい」は、外国人が従来の勉強法で日本語を勉強して入ってくる言葉ではありません。本来は危ないという意味ですが、若者を中心に流行した後、今ではすっかり定着し、楽しい、面白い、おいしい、感動した、など、様々な場面で使われている万能ワードです。日本に住んで、日本の文化やエンタメに普段から触れている人なら、感覚で「ヤバい」を理解していると思います。

何かを説明するときはかなりエネルギーを使います。文章を組み立てて、状況を知らない人たちが同じ状況を脳でイメージできるくらい鮮明な言語化が求められます。そして笑いを取れるというところがミソなのですが、**その国の文化や人々の趣味嗜好が分からないと笑いは取れません。**

例えばアメリカは皮肉を込めた笑いが結構好まれます。社会風刺や人種に関係する発言を巧みに使うことによって生まれる笑いなのですが、かなりの技術が必要なので、これさえできるようになれば熟練度は高いといえるのではないでしょうか。

文化を知ると振る舞いも変わる

国や地域によって、この場面ではこう言う、この場面でこれは言っちゃいけないという暗黙のルールみたいなものがあります。これが文化だと思うんですね。

日本語は私が知っている言語の中で、それが一番顕著だと思います。日本語をある程度話せても、日本の文化を知らない外国人にとっては理解が難しいことがあります。日本だと飲食店や居酒屋のバイトなどで出勤したら、午後でも夜でも「おはようございます」と言うことがありますよね。日本語が外国語の人は、「おはようございます＝good morning 朝の挨拶に使うもの」としかインプットされないので、なんで午後なのにオハヨウ⁉ と戸惑うわけです。

その場所の文化や習慣を知ることで、言葉を知っているだけでは理解できない表現もあるんだなって、たくさんの発見があります。

中国だと、みんなで食事をするときは、家族でのご飯でも絶対に年上の人が先に食べるというのがマナーです。日本では肩書が偉い人が箸を手に取ってから他の人も食べ始める、という暗黙のルールがありますが、中国では肩書は関係なく、年上の人からです。そのため、中国には「目上の方からどうぞ」という表現があります。

中国でも日本でも、学校で教わる英語では「How are you?」に対して「Fine, thank you.」と答えるのがお約束になっていますが、実際にアメリカでそんな受け答えをする人はいません。

「How are you?」と聞かれたら、大体の人がちょっと近況を話します。「Oh I just broke up with my boyfriend.（最近彼氏と別れちゃってさ）」などと、ヘビーなことをさらっと言うことだってあります（関係性にもよりますが）。それに対しては「Oh my goodness!」みたいに反応して、そこから会話が始まったりします。

「I'm fine, thank you.」を知っているのも、もちろん言語を知っていることにはなりますが、その場所の文化を知っている人だったら、「It's so hot today.」とか会話の起点をつくって、軽い会話を始めることができますよね。

文化を知ることで、最適な振る舞いができ、その振る舞いに合った言葉が出てくるようになります。そうなったら、言語を極めたといっていいと思います。

会話の仕方にも違いがある

日本では雑談のときに天気の話題から入るのが定番ですが、中国では天気の話はあまりしません。地域にもよると思いますが、あまり前置きはせず、本題からスタートする場合が多い印象があります。

日本もアメリカも、初対面の人には「初めまして●●です」とか「I'm xxx」といった自己紹介をしますが、中国人はあまりしない感じがします。

もちろんちゃんとしたビジネスの場面だったらあると思いますが、カジュアルな飲み会だと、お互いに誰かは知らないけど会話は弾んだ、みたいな経験がよくありました。他の人たちが名前を呼び合っているのを見て、こういう名前の人なんだ、じゃあ私もそう呼んでみよう、みたいな感じで呼んだりしているようです。中国人が10人くらい集まる飲み会に行って、一人も名前を覚えずに帰ったことも何回かありました。

余談ですけど、飲み会も国によって全然違います。

日本の飲み会や会食は、比較的時間が長いですね。アルコール度数が低めのお酒を何杯もちびちび、少しずつ飲みます。海外でよく飲まれるお酒は度数が高くて、中国やアメリカではそんなに長時間は飲みません。ショットでバンバン飲んで、ワーッと酔っぱらってワーッと帰るみたいな感じが一般的です。

KAIWA時代は、日本人のお客様は滞在時間が長いから席を長めに取る、中国人はすぐ帰るから直後に別のお客様が入れられる、とお客様の文化に合わせて席をコントロールすることもありました。

私の言語学習の果て

昔と比べて自分は大分素直になったと思います。

昔は「ゆなちゃんにとっては第二言語だから分からないよね」と気を使われるのが嫌でした。ですが、みんなに外国人として扱われる疎外感はもうたくさんでした。ですが、今はそんな意地はなく、言葉が分からないときは聞くようにしています。だって中国語しか話さない人でも、分からない中国語はたくさんあるんだから、分からないのは恥ずかしいことではありません。

昔の自分は、言葉が分からない自分を周りに知られることが耐えられませんでした。知ったかぶりをして、帰宅して調べてみて、「全然違うじゃん、話上手く合わせられたかな?」と心配したことが何度もありました。

私の言語学習の目的は、「その国の一員として全員に認められること」でした。分からないことをその場で素直に聞けるようになったのは、言語学習の目的を達成することができたからかもしれません。

ろこゆんルール

語学学習に終わりはない

おわりに

最後まで読んでくださり、ありがとうございます。何か一つでも、あなたの心に残る言葉はあったでしょうか？

私は、海外を好きになって、日本を愛するようになりました。

私が日本のことを好きな理由の一つに、情緒豊かなところがあります。

四季があって、春になると街に桜の花が溢れてピンク色になって、その次に新緑の緑色になっていく。移り変わる季節が本当に美しい国です。

夏がモチーフになっているラブソングも多く、それだけ日本の夏は特別で、待ち侘びている人が多いのだと思います。今年の夏はサザンの『真夏の果実』をたくさん聴きました。

季節ごとに盛り上がり方があって、夏だからスイカ割りしよう、花火をしよう、海に行こう、秋になったら紅葉を見よう、焼き芋食べよう、食を楽しもうってなって、冬が来て、寂しいな、切ないなって思うのも日本だけです。

年末年始のあの感じもすごく好きです。「師走」という言葉も、忙しすぎて師（僧）も走るなんて、こんな素敵なストーリーを感じる言葉があっていいのでしょうか。初詣に行っておみくじを引くのも、日本ならではの行事です。

実は私は、日本の夕日が苦手でした。見ていると胸を抉《えぐ》られるような気持ちになるのです。だけど、それくらい日本の情景には胸を動かされる何かがあります。これは他の国で経験しなかったことです。

世界を渡り歩いて、日本に戻ってきてから、こんなに文化が満ち溢れている国って他にないなと思うようになりました。

アメリカは移民が多くて、食において本場の味が楽しめます。最先端の技術がありますす。中国は文化が深くて、歴史の話や建造物に触れると時代をトリップできるような、色褪せない何かを感じます。

比べる対象や、経験が増えたおかげで、私は各国の好きなところを少しずつ言語化できるようになりました。

世界を知るということは、自分の心の解像度を上げることにつながるのだと思います。「人生は一度きり、楽しんだもん勝ち」とはよくいったもので、元の「楽しめる」

のマックスが100だとしたら、自分の心を知ることによって、そのマックスが120、140と上がっていくのです。

私の誰よりも負けず嫌いな性格は、言葉を換えると「誰よりも楽しみたい」という思いの裏返しだったのかもしれません。


地球のどこにも居場所のなかったギャルは、逆境を乗りこなした先に幸せを知りました。

祖国も、言語も、家族も友達も何もありませんでしたが、逃げずに向き合った結果、全てを手に入れられました。

日本・中国・アメリカは私のホームだし、3つの言語も自由に扱えます。大好きな父がいて、愛してくれる友達がたくさんいます。

恋愛では現在進行形で情けないままの自分だし、今まで以上に乗り越えるのに時間はかかりそうだけど、この経験もいつか必ず笑って話せる自分になっていると思います。根拠は、過去の頑張った自分、今までの経験則です！

運命の神様はいじわるだから、時として試練をランダムにぶっ込みます。ですが、根っこはきっといいやつなんで、乗り越えられない試練だったら与えないと思います。

幸せは、逃げずに向き合った先にあるものだと思うんです。

今どれだけ苦しくても、私たちはみんな幸せになるために生まれてきたんです。

幸せにふさわしくない人は、誰一人として存在しません。

この本が今、どこにも居場所がないと苦しんでいる人や、新しい環境に挑戦しようとしている人の背中を少しでも押せるよう、心から願っています。


私と関わってくださった全ての人のおかげで今の私があります。ファンのみんな、ろこゆんファミリー、家族、仕事で出会った方々、遅くまで一緒に頑張ってくださった担当編集の伊藤さん（裏では愛情を込めていとぅーって呼んでいます）、たくさんの経験をありがとうございました。


その気になれば、生きている限りずっと青春は続きます。逆境や語学は、人生をより楽しむためのツールだと思っています。

あなたがどんな場所にいても、いつも幸せでいられますように。この本を手に取っていただき、本当にありがとうございました！

２０２４年10月　ろこゆんチャンネル　Yuna

Yuna（ろこゆん）

YouTuber、インフルエンサー。1996年に日本・東京で生まれ、6歳から中国・北京へ移住。10歳からはアメリカ・ハワイで育ち、大学卒業後にロサンゼルスへ移る。2024年6月より日本移住。「愉快なVLOG」をテーマに、海外のリアルや言語学習、自身のマインドなどを発信。

YouTube：@locoyun_

Instagram：@loco.yun

TikTok：@locoyun_la

北京《ペキン》・ハワイ・LA《エルエー》に移住《いじゅう》してたどりついた

どんな逆境《ぎゃっきょう》もホームにする生《い》き方《かた》

2024年10月30日　初版発行

著者／Yuna《ゆな》（ろこゆん）

発行者／山下 直久

発行／株式会社KADOKAWA
〒102-8177　東京都千代田区富士見2-13-3
電話　0570-002-301（ナビダイヤル）

印刷所／大日本印刷株式会社

製本所／大日本印刷株式会社

●お問い合わせ
https://www.kadokawa.co.jp/（「お問い合わせ」へお進みください）
※内容によっては、お答えできない場合があります。
※サポートは日本国内のみとさせていただきます。
※Japanese text only

定価はカバーに表示してあります。

ISBN 978-4-04-607161-3　C0095